부다페스트

다뉴브의 진주

차례
Contents

프롤로그 : 도시 탐험

　서울의 중심 남대문로에는 우리의 눈을 확 잡아끄는 건축물이 있다. 화강석으로 마감된 르네상스 양식의 한국은행 본점 건물이 그것이다. 일제시대인 1912년에 완공되었고 경제 수탈의 진원지였으니 식민지의 잔재인 것은 틀림없다. 장기 정책보다는 순간의 국민적 정서에 유독 민감하게 반응했던 김영삼 정권의 칼날이 이곳을 가만둘 리 없었다. 그나마 주범격인 조선총독부 건물이 과거사에 대한 책임을 다 뒤집어 쓰고 '능지처참陵遲處斬'당하는 바람에 간신히 목숨만 건진 건물이다.

　이 건물 뒤로 한국은행 신관이 보인다. 산업화 시대 한국 경제 성장의 상징처럼 하늘 높은 줄 모르고 서 있다. 우뚝 솟은 한국 경제의 위상으로 일본 제국주의의 쇠락을 누르기라도 할 것 같은 형세이다. 처음에는 통쾌하고 상쾌하나, 이내 마음은 찜찜해진다. 적어도 필자의 눈엔 단지 2층에 지나지 않는 건물이 위로만 솟아오른 밀어붙이기식 한국 경제 개발의 잔상을 비웃는 것처럼 보이니 어쩌랴.

역사는 좋든 싫든 서울의 한 부분이다. 식민지 역사도 우리의 한 부분이다. 눈에 보이는 것을 없앤다고 일본의 잔재가 청산된다고 믿는 이에겐 눈앞의 현실이 전부일 뿐이다. 우리의 서울은 한국은행 구관과 신관 사이에 감춰진 한 세기의 한국 현대사를 꼼꼼히 끄집어내야 보이지 않겠는가.

한국은행 구관과 신관 두 건물 사이에 1백 년의 서울 역사가 감추어져 있듯 세계의 모든 도시들 역시 인간의 역사를 감추고 있다. 때문에 도시는 관광이 아닌, 탐험의 대상이 되어야 한다. 세계 최초로 세계를 일주했던 마젤란Ferdinand Magellan (1480~1521)만 탐험을 하는 것이 아니다. 낯선 도시에 가면 우린 모두 현대의 마젤란이 되어서, 눈앞에 보이는 현실을 넘어 그곳에 쌓인 세월의 나이테를 들추어내고 또 곱씹어야 한다.

헝가리의 수도 부다페스트란 도시는 특히나 더 그렇다. 지금 이 도시를 차지한 주인공인 마쟈르Magyar인들이 이곳에 정착한 것은 불과 1,100여 년에 불과하다. 그들이 오기 전 수많은 사람들이 이곳에 살았고 역사의 뒤안길로 사라져 갔다. 그리고 그들의 꿈과 한숨은 한줌의 유물로만 남아 우리를 향해 외치고 있다. 이 목소리를 어떻게 외면할 수 있으랴.

부다페스트는 젊다. 부다페스트란 이름이 생겨난 것은 불과 1백여 년 전. 오부다Obuda, 부다Buda 그리고 페스트Pest라는 3개의 별개 도시가 합쳐서 하나의 도시로 태어난 것만 따지면 그렇다.

도시가 젊다는 말엔 깊은 상처의 울부짖음도 있다. 도시를 지으면 전쟁으로 파괴되었고 그 위에 도시를 다시 건설하면 또 전쟁이 터졌다. 지으면 파괴되고 다시 지으면 또 파괴되는 저주가 꿈틀거렸던 곳이 바로 부다페스트이다. 오랜 역사를 가진 도시지만 우리가 지금 보는 부다페스트는 파괴와 건설의 악순환을 백팔번뇌처럼 반복해온 고뇌의 도시다.

그래서 필자는 부다페스트를 사랑한다. 질곡의 역사 속에서 끈질기게 살아왔고 끝내 다시 일어섰던 위대한 한국인의 모습이 부다페스트와 겹쳐지기 때문이다. 실패는 있어도 좌절은 없다는 말은 서울, 그리고 부다페스트 두 도시에도 꼭 들어맞는 '두 도시 이야기'이다.

도시 탐험의 출발선에서 난 트로이 유적을 발굴하러 간 독일 사업가 슐리만Heinrich Schliemann(1822~1890)의 긴장을 느낀다. 그 누구도 믿지 않았던 신화를 현실로 만들었던 그였지만 발굴 과정에서 시대가 각기 다른 9개의 도시가 샌드위치처럼 포개져 있다는 사실을 알게 되지 않았는가. 발굴 과정에서 밑의 기층을 발굴하려면 위층의 한 시대가 파괴될 수밖에 없었던 것은 필시 트로이의 저주였으리라. 발굴되면서 또 동시에 파괴될 수밖에 없는 운명. 그것은 바로 슐리만의 성공인 동시에 실패이기도 했다.

부다페스트 역시 나의 제한된 경험과 지나친 고정관념에 짓눌려 지레 엉뚱한 사실만 늘어놓지 않을까 두렵기도 하다. 그러나 백화점 진열장처럼 잘 포장된 부다페스트가 아니라 도시 탐험의 열정과 열기, 그 성공과 실패 그리고 사람 냄새와 역사책의 쾌쾌한 먼지까지 이 글에서 배어나와 독자에게 전달될 수만 있다면 더할 나위 없는 탐험자의 기쁨이 될 것이다. 물론 이 탐사에 대한 최종 평가는 바로 독자 여러 제위의 몫임은 말할 나위도 없다.

__ 일러두기

1. 헝가리어의 표기는 국립국어원이 정한 외래어표기법 제3장 표기세칙 중 제12절 헝가리어 표기에 따랐다. 이는 헝가리어 현지 발음을 최대한 수용한 것으로 이 표기에 의하면 부다는 부더, 페스트는 페슈트이다. 그러나 부다페스트 등 널리 알려진 고유명사는 현지 발음과는 달리 우리 사회에서 관행적으로 사용해온 발음을 따랐다.

2. 헝가리어에서 인명은 한국 사람들과 마찬가지로 성을 앞에 쓰고 이름은 뒤에 쓰는 방식이다. 이들이 동양에서 왔다는 근거의 하나로 제시되지만 이미 유럽의 한 부분이라는 점을 고려해 기존의 이름을 먼저 쓰고 성을 뒤에 두는 방식을 따랐다.

물의 도시에 뛰어들다

물은 생명이다. 물은 생명의 탄생과 관련되며 생명을 살아 있게 만든다. 사람이 모여 만드는 도시는 그래서 물의 자식이다. 세계 4대 문명의 발상지가 그랬듯 세상의 모든 도시엔 예외가 없다.

유럽에서 가장 많은 자식을 가진 물줄기는 라틴어로 다누비우스Danubius라고 불리는 곳, 우리에겐 영어인 다뉴브Danube 강으로 널리 알려진 곳이다. 독일 남부의 흑삼림 지대에서 발원해 9개 나라, 길이로는 2,850㎞를 숨 가쁘게 달려 흑해로 간다. 다뉴브의 자식이 많을 수밖에 없다.

이들 가운데에 가장 수려한 경관에 서유럽과 중유럽 그리고 동유럽의 흑해를 연결하는 뱃길의 중심에 있는 곳이 부다페스트이다. 국제 하천을 관리하는 다뉴브강 위원회 본부도 여기 있다. 부다페스트는 다뉴브의 자식 중 '다뉴브의 진주'로 불리는 유일한 곳이다.

부다페스트는 '보이지 않는' 물의 자식이기도 하다. 도시의 땅 속엔 뜨거운 온천원이 포효하고 있다. 유럽 최대의 온천 도시가 바로 이곳이다. 보이는 물, 보이지 않는 물로 가득한 부다페스트. 그래서 부다 왕궁 아래쪽 지명은 지금도 물의 도시라는 뜻인 비지바로시Vizivaros이다.

눈에 보이는 물길에서 도시의 싹을 발견한 최초의 인간은 켈트인이었다. 그리고 보이지 않는 땅 속의 보물, 온천을 캐낸 이는 로마인들이었다. 이들의 눈을 통해 물의 도시, 부다페스트가 어떻게 생겨났는지를 따라가 보자.

켈트인의 다뉴브 탐험

역사는 승자의 기록이다. 패자는 역사의 기록 속에서 폄하되기 마련이다. 켈트Celts라는 이름도 그렇다. 그리스 역사가들은 켈트족을 본래 켈토이Keltoi 혹은 갈라타이Galatai라고 불렀고 그 뒤를 이은 로마도 이를 받아들여 갈리Galli라고 불렀다.

켈토이는 그리스어로 야만인이란 뜻이다. 시대를 정복한 자들이 비아냥거리며 불렀던 것이 부족의 이름이 되었어도 패자는 역사의 기록을 고칠 힘이 없었다. 그리스의 역사가 헤로도토스Herodotos(B.C 484?~425?)가 집필한 9권의 방대한 저서 『역사*Historiae*』에 켈트에 대한 언급이 상대적으로 적은 이유도 그런 맥락이었으리라.

그러나 이들은 한때 중유럽을 정복한 최강의 민족이었다. 인도유럽어족인 이들은 이미 청동기 시대 이래 독일 남동부, 라인강, 엘베강, 다뉴브강 유역에 살고 있었다. 기원전 10~8세기 무렵부터 이동하기 시작하여, 기원전 6~4세기 무렵 갈리아(지금의 프랑스)·브리타니아(영국)에 진출했고 로마를 협공하기도 했다. 또한 기원전 4세기 초에는 이탈리아에 들어가 로마를 침공한 후 포강 유역에도 정주定住하였으며 기원전 3세기에는 멀리 소아시아에까지 진출하였다. 그들은 일찍부터 다뉴브강의 주인공이었다.

켈트인들은 영역을 어떻게 넓혀갔을까? 육로? 젊을 때 고생은 사서도 한답시고 그 험로를 택했을 수도 있다. 그런데 그들은 분명 강江의 자식이었다. 강을 따라 이동했을 게 분명하다. 이제 켈트인의 눈으로 다뉴브를 따라가자. 다른 게 있다면 그들은 전략적 요충지를 찾았던 것이고 우린 아름다움을 찾았을 것이다. 묘한 것은 이 두 가지가 결국 하나라는 사실이다.

켈트인들은 발원지인 흑삼림 지대에서 현재의 비엔나 지역까지를 초기에 두루 섭렵했으며 거주지를 만들기도 했다. 이는 지형적으로 봐도 그렇다. 다뉴브는 알프스에서 발원한 인Inn강을 독일과 오스트리아의 국경도시 파사우Passau에서 통째로 집어삼키며 강의 모습을 갖추어간다. 그러나 비엔나까지 여전히 깊은 하곡을 형성하며 절제된 아름다움을 과시하긴 하지만 장강長江의 풍모를 보이진 않는다.

그러나 걱정하지 마시라. 비엔나를 지나 평야 지대로 흘러들면서 점차 대하大河의 조짐을 보여준다. 곳곳에서 세상의 물을 흡수하며 다시 응집력을 키우는데 슬로바키아의 브라티슬라바를 지나 헝가리로 접어들게 되면 도도한 장강의 모습을 갖추어간다.

켈트인들은 냉정한 사자의 눈으로 다뉴브강을 따라가며 마치 먹이 사냥할 때의 긴장감으로 뭔가를 찾았을 것이다. 천혜의 요새 말이다. 그들이 현재 부다페스트 시계안의 마르깃섬(Margit Sziget)을 지나면서 눈이 빛나기 시작했다. 배 오른편에 있는 현재의 부다 지역은 산악 지역이었고 왼편인 페스트 지역은 지평선이 보일 정도의 평야 지역이 아닌가. 그들은 무릎을 탁 쳤다. 부다 지역은 동쪽에서 오는 적들을 한눈에 볼 수 있는 천혜의 요새 자리였기 때문이다.

잠시 후 그들은 더욱 놀랐다. 조금 더 내려가자 강 쪽으로 깎아지른 듯 툭 튀어나온 산이 있었으니 그 꼭대기에 캠프를 설치한다면 부다의 산악 지형, 페스트의 평원 지역이 한 눈에 들어올 게 뻔했다. 유일한 교통로라 할 섬들도 그 발아래 두 손을 번쩍 들 수밖에. 저 북쪽으론 마르깃섬의 자락도 보였고 아래쪽으로 체펠Csepel섬도 보였을 것이다.

그들은 더 갈 수 없었다. 그곳에 천혜의 요새를 건설키로 한 것이다. 그곳이 지금의 겔레르트 언덕(Gellért-hegy)이라고 부르는 곳이다. 다뉴브강변에 붙은 지금의 부다페스트 시내

겔레르트 언덕

중심에선 가장 높은 곳으로, 해발 235m에 불과하지만 이곳에
서면 강을 중심으로 한 부다페스트 전역이 한눈에 들어온다.
켈트인의 예상은 적중했다.

그곳에 캠프를 설치한 켈트인들은 아크-잉크Ak-Ink란 이름
을 지어 붙였다. 켈트어로 물이 많다는 뜻인 곧 '물의 도시
(Vizivaros)'라는 표현의 지적 재산권은 켈트인의 것임에 틀림
없다. 꼭대기엔 물론 요새를 설치했다. 그들의 흔적은 다 사라
졌어도 그 전통은 민족과 세월을 넘어 수천 년을 지속한 것이
다. 지금도 헝가리인들은 이 겔레르트 언덕의 꼭대기를 시타
델러Citadella라 부른다. 영어에서 '요새'를 뜻하는 시터들citadel
과 같은 어원이다.

겔레르트 언덕을 쳐다보며 그곳을 가리켰던 한 켈트인의
손가락은 이 지역에 인구 120만의 대도시를 만들어낸 작은 시

작이었다. 그 작은 손가락의 힘을 '시테델러의 나비효과'라 해도 그리 나무랄 사람은 없을 듯하다.

로마인의 온천 탐험

"빈손으로 왔다 빈손으로 가는 인생이여(空手來空手去是人生)!"

인생의 덧없음을 말할 때 가장 인용빈도수가 높은 부처님 말씀인 이 말을, 역사의 뒤안길로 사라지던 켈트인들이 아크잉크를 떠나면서 읊조렸을지도 모를 일이다. 켈트인들을 시테델러에서 밀어낸 세력은 로마였다. 제국의 북방경계선이 다뉴브강으로 확장되면서 로마의 정예병들이 포진하기 시작했다. 로마의 속주인 파노니아Pannonia가 다뉴브를 경계로 형성되었고 강은 이민족을 막는 로마의 최전선이었다.

로마는 처음엔 약 500명으로 구성된 기마부대만을 주둔시켰으나 이민족 출몰이 계속되자 병력을 기하급수로 늘렸다. 서기 89년의 기록에 따르면 이미 부다페스트 주변 지역 주둔병력은 6천 명, 지원 요원과 군 가족을 합치면 2~3만 명을 헤아릴 수 있는 대규모였다.

그래서 자연스레 만든 곳이 바로 아퀸쿰이라는 배후도시였다. 현재 부다의 북쪽인 오부다의 중심 플로리안 광장(Florian tér)에서 3km 거리에 아퀸쿰의 흔적이 남아 있다. 센텐드레와 부다를 연결하는 주 도로 센텐드레 거리에 접한 곳이다.

로마는 아퀸쿰을 중심으로 상류 쪽에 빈도보나Vindobona, 하류 지역에는 신기두눔Singidunum이란 도시도 건설하게 된다. 빈도보나는 현재의 비엔나, 신기두눔은 베오그라드의 모체가 되었다.

로마인들은 그래도 켈트인들이 남긴 유일한 재산 아크-잉크라는 이름을 그대로 물려받음으로써 그들에 대한 마지막 예의를 갖추려 했음직하다. 아크-잉크의 라티언 번역이 아퀸쿰이다. 아쿠아Aqua는 '물', 쿰Cum은 '더불어, 함께'라는 뜻이니 역시 물이 많다는 뜻이다.

아퀸쿰을 파노니아의 수도로 선언한 이는 역사상 로마 제국의 판도를 가장 넓힌 트라야누스(재위98~117) 황제였다. 그는 다키아(현재의 루마니아)·아라비아(나바타이)·메소포타미아·아시리아 등도 손아귀에 쥔 제국의 건설자였다. 아퀸쿰은 124년까지 자치도시(Municipium)의 지위였으나 후에 제국의 직접 지배를 받는 도시(Colonia)가 되었다. 새로 즉위한 황제 대부분이 아퀸쿰을 방문할 정도로 중요한 전략 도시가 되었다는 증거였다.

로마인들은 부다페스트에서 아크-잉크의 영역을 땅 속까지 확장했다. 로마인들은 켈트인의 마을을 본격적으로 도시화했을 뿐만 아니라 온천의 가치를 캐낸 장본인인데, 그들이 그럴 수밖에 없었던 것은 목욕이 고도의 사교행위였던 문화 덕택이다. 황금기의 로마에는 무려 11개의 제국 목욕탕과 926개의 공중목욕탕이 있었고, 새 황제는 등극하자마자 첫 과제로 대형 목욕탕을 지어 민심을 얻으려 했을 정도였다.

목욕문화에 젖은 이들이 온천냄새를 맡는 것은 '땅 짚고 헤엄치기'였을 것이다. 로마인들은 온도가 35℃에서 76℃까지 다양했고 수질도 나무랄 데 없었던 온천이었던 아퀸쿰을 손꼽히는 로마의 온천도시로 만들었다. 남들이 오기를 꺼렸던 변경이 온천의 낙원이 된 것이다. 로마제국 당시 부다페스트에선 이미 14개의 온천원을 확보해 사용하고 있었다고 한다.

로마인들의 흔적은 현재 부다페스트 시내 지명 가운데 아퀸쿰, 그리고 그 북쪽으로 로마 목욕탕(Római Fürdő)거리라는 이름으로 남아 있다. 로마는 4세기경 이민족의 침입이 계속되고 제국이 쇠락하면서 이곳을 떠났고 476년 서로마의 멸망으로 그 유적마저 폐허로 변했다. 그 흔적은 거의 1,400년이 지난 19세기가 되어서야 다시 태양 아래로 나왔다. 부다페스트 3구역 센텐드레 거리(Szentendrei ut) 139번지에 있는 아퀸쿰 박물관(Aquincum Múzeum)이 그곳이다.

아퀸쿰의 로마 유적지 보존 결의안이 통과된 것은 겨우 1878년. 그로부터 4년이 지난 뒤에야 국고 지원에 따른 본격 발굴이 시작되었다. 이 발굴 작업의 지휘자는 발린트 쿠진스키Bálint Kuzsinszky(1864~1938)였다.

1894년 5월 10일 마침내 아퀸쿰 박물관이 개관했다. 재원이 부족한지라 박물관 로비와 전시 룸 1개만 달랑 갖춘 박물관이었다. 건물의 형식은 고풍스런 그리스-로마의 사원 양식으로 지어졌다. 그러나 개관과 동시에 전시 공간으로 골머리를 앓았고 결국 2년 뒤에 홀 옆쪽으로 날개를 각각 하나씩 연결하는 증축공사를 한다.

이렇게라도 보존되긴 했으나 현대사에서도 아퀸쿰의 수난은 그치지 않았다. 아퀸쿰이 있는 곳은 행정구역상으로 부다페스트 3구역인데 다뉴브강 맞은편에 있는 아르파드 다리 건너의 페스트에는 벽돌 공장에서 찍어낸 것처럼 똑같이 만든 고층 아파트가 즐비하다. 이 둘은 무슨 관계일까? 인민들에게 집을 마련해주겠다는 공산주의의 순수함이었을까?

순수한 열정은 때때로 비극을 초래하게 마련이다. 건축자재가 부족하다보니 공산주의자들은 아퀸쿰의 부서진 파편들을 아파트 건축자재로 사용해버린 것이다. 2천 년 된 유적들이 한순간에 건축자재로 사라지고 만 것은 헝가리 현대 문화사의 비극이자 공산시대 수난의 상징이기도 하다.

터키인의 재발견

현재 부다페스트 시내에 있는 온천은 모두 118개이다. 공식 통계에 의하면 현재 부다페스트 지역에서 공급되는 온천수는 매일 3만㎥에 달한다고 한다.

부다페스트의 온천이 지금과 같은 황금기를 맞게 된 배후에는 역설적으로 150년간의 오스만트루크의 지배가 있었다. 로마인들 못지않은 목욕문화를 가졌던 터키인들은 그들만의 개성이 듬뿍 담긴 새 목욕탕을 건설했는데 이것이 지금 부다

15

페스트 온천의 원류였다. 터키 지배시대인 1669년 부다페스트 지역을 방문했던 영국인들은 이곳에 10개의 온천장이 있었다는 기록까지 남겼다.

터키가 건설한 대표적인 온천은 키라이Király 온천. 키라이는 헝가리어로 '왕'이라는 뜻이다. 터키 총독인 소콜리 무스타파가 1566년에 시작해 4년 만인 1570년 완공한 이 건물은 부다페스트에 남아있는 오스만트루크 시대 건물 중 가장 오래된 것이다. 본래 건물 옆에 네오클래식 스타일의 날개형 건물이 더해졌고 18세기에 대대적인 리모델링을 통해 바로크 스타일의 아케이드형으로 탈바꿈했다.

이곳이 '왕의 온천'이 된 이유는 19세기 초까지 이 욕장의 소유주가 왕족이었기 때문이다. 특히 키라이 온천의 천장은 정교한 8각형으로 장식되어 있으며 수십 개의 조그만 원형창문이 있어 인공조명이 없어도 온천 내부가 신비롭게 빛난다. 뜨거운 물에 몸을 담그고 조그만 유리창문으로 들어오는 햇살이 물 위에서 반짝이는 것을 보노라면 '몽환'이란 말을 느낄 수 있을 정도이다.

부다페스트에서도 가장 물이 좋은 곳은 겔레르트 언덕에서 왕궁 쪽으로 조금만 가면 있는 루다시Rudas 온천. 얼핏 목욕탕이라고는 생각되지 않을 정도로 높은 돔 천장과 화려한 스테인드글라스는 술탄의 별궁을 연상시킨다. 키라이가 완공된 뒤인 1571년부터 무스타파 총독이 2년간 지은 건물로, 역시 지금까지 잘 보존되어 있다.

루다시의 온천원에는 유벤투스Juventus, 아틸라Attila 그리고 헝가리아Hungaria라는 이름이 붙어있다. 유벤투스는 라틴어로 '젊음'이라는 뜻. 그래서 유벤투스의 온천물로 목욕하면 젊어진다(rejuvenate)고 한다. 만병통치약으로 알려진 루다시 온천수를 마시는 사람들도 있다. 남존여비 사상이 무척이나 강했던 이슬람세계의 전통이 배어있어서 그런지 이곳은 오랫동안 남성 전용 목욕탕이었는데, 오랜 기간 리모델링을 거쳐 2005년 1월 재개장했다.

외국인들에게 가장 많이 알려진 곳은 겔레르트 언덕 바로 옆에 있는 겔레르트 호텔로, 이곳에선 이제 한국인들을 만나는 것도 어렵지 않다. 겔레르트 언덕을 중심으로 해서 겔레르트 동상과 반대편에 있는 이 호텔은 터키 지배시절 온천이 있던 자리에 신축된 것으로, 공사는 1909년에 시작해 10년만인 1918년에 끝났다. 1927년부터 3년간은 현 겔레르트 호텔의 명소가 된 온천 욕장, 수영장 등이 다시 지어졌다. 1992년부터 무려 7년간은 헝가리의 스테인글라스의 명장 보조 줄러 Bozo Gyula가 만든 헝가리 역사와 신화를 담은 장중한 작품들이 호텔을 장식했다.

페스트 쪽에서 가장 유명한 온천은 세체니Szeczenyi 욕탕이다. 페스트의 시민 공원인 바로시리게트Varosliget 쪽에 자리한 세체니는 19세기에 지어진 국민 욕장으로, 건물 외관을 보고 있노라면 마치 근대 왕궁 앞에 서 있는 게 아닐까 하는 생각마저 든다. 근처에 동물원과 놀이공원이 있어서 이곳에는 유독 가족 단위의 온천객들이 많다.

이 건물 밖에는 빌모시 지그몬드Vilmos Zsigmond의 동상이 서 있는데 그는 이곳에서 16년간의 노력 끝에 지하 971m 지하에서 74℃의 온천수를 끌어올리는 데 성공한 인물이다. 그의 노력으로 지금의 세체니 대목욕탕이 탄생되었다고 할 수 있다.

세체니 대목욕탕은 1909년 처음 개장했고 네오-바로크 형식의 웅장한 건물도 1913년에 완공되었다. 1927년에는 수영장을 비롯한 부속 시설도 완공되어 다시 유럽에서 가장 큰 스파 리조트가 되었다. 이곳에서 가장 매력적인 곳은 역시 주출입구 천장의 돔 부분. 아름다운 모자이크 유리로 장식되어 있다.

부다페스트 시내의 웬만한 호텔 역시 온천 시설을 가지고 있다. 부다페스트만 그런 것이 아니다. 헝가리 전국으로 보면 1,000개에 육박하는 온천을 자랑하니 헝가리 자체가 온천의 나라라 해도 그리 과장된 말은 아닐 것이다.

이것만 봐도 부다페스트는 물의 도시이다. 보이는 곳엔 다뉴브가 있고 또 보이지 않는 땅 속엔 온천이 흐르기 때문에, 물은 부다페스트의 처음이자 끝이다. 그래서 부다페스트는 물의 도시이다.

다리를 건너, 섬을 넘어

물이 지나가는 곳에는 필시 섬이 생길 수밖에 없다. 이는 자연적 현상이다. 그리고 인간은 당연히 뭍과 뭍, 그리고 뭍과 섬을 연결하는 다리를 만든다. 헝가리어로 시게트Sziget는 섬, 히드Hid는 다리이다. 시게트와 히드는 부다페스트의 성격을 만드는 중요한 탐험 대상이다.

도시로서의 부다페스트에서 다뉴브강은 세상을 연결해주는 길인 동시에 장애물이기도 했다. 서유럽과 동유럽을 연결하는 다뉴브강은 그야말로 부다와 페스트를 살아있게 만든 젖줄이다. 그러나 왕족과 귀족 등의 상류층이 살던 높은 언덕의 부다, 그리고 서민이 주로 거주하던 평지의 페스트는 한때 넘을 수 없는 다뉴브강을 사이에 둔 채 별개의 도시로 제각각 발전해왔다.

그처럼 두 도시는 높이만큼이나 다른 이질감을 지니고 있었다. 오래 전부터 다리를 놓아 연결하려는 생각이 왜 없었겠는가. 그런데 정작 다리를 건설할 수 있는 돈과 권력을 쥔 부다 측에선 별로 내키지 않아 했던 것 같다. 부다의 수준이 가난한 페스트의 수준으로 하향 평준화된다고 생각했던 모양이다. 한강을 사이에 두고 티격태격하는 강남과 강북이나 200여 년 전의 부다와 페스트는 역시 비슷한 모양새이다.

세체니 란치히드

부다와 페스트의 다리 건설은 19세기 가장 위대한 헝가리인 중 하나였던 이스트반 세체니Istvan Szechenyi(1791~1860)의 주도로 시작된다. 세체니 집안은 헝가리의 귀족 계급 중에서 둘째라면 서러워할 정도의 명문가 중 명문가로, 부와 명성, 탁월한 문화감각까지 함께 가졌던 집안이다.

그의 아버지 페렌츠Ferenc는 자신의 소장 유물과 서적을 국가에 기부해 헝가리 국립박물관과 세체니국립도서관의 실질적인 설립자가 되었다. 어머니 율리아 페슈테티치Júlia Festetics가 일생동안 수집해 기부했던 기암괴석 역시 헝가리자연사박물관의 모태가 된다. 그리고 아들인 이스트반 세체니는 헝가리 학문의 전당인 헝가리학술원(MTA)의 설립자이자 진보적 경제관을 가졌던 민족주의의 상징적 인물이다.

그가 부다와 페스트 다리 건설에 나선 계기는 정작 따로 있다. 1820년 자신의 영지를 방문했다가 아버지의 부음을 받고 장례식 참석차 급히 돌아온 세체니는 다뉴브를 건너지 못했다. 부다와 페스트를 연결하는 배편이 기상 악화로 무려 8일 간이나 두절되었기 때문이다. 이에 격분한 세체니는 어떤 일이 있더라도 다리를 놓겠다는 결심을 굳혔다고 한다.

그는 명문가의 자손답게 자신의 1년 수입을 먼저 내놓고 다리 건설을 추진했다. 이는 곧 국민운동으로 번졌고 다리 건설을 위해 국채가 발행되는 계기도 되었다. 그는 당시 영국에서 다리 설계로 유럽에서 명성이 드높았던 윌리엄 T. 클라크 William Tierney Clark(1783~1852)에게 설계를 위촉했다. 현수교의 개척자였던 클라크는 런던 템즈강의 첫 번째 현수교인 해머스미스Hammersmith교(1827년 완공)를 비롯해 멀로Marlow교 (1932년 완공) 등을 설계한 인물이다. 그래서 세체니 히드는 런던 해머스미스의 다리와 가장 비슷한 것으로 손꼽힌다.

세체니는 또 스코틀랜드 출신 애덤 클라크Adam Clark(1811~1866)를 헝가리로 초빙했다(설계자와 현장 감독 모두 성姓이 클라크지만 두 사람은 사실 아무런 혈연관계가 없다). 애덤 클라크는 공사기간 내내 다리 완공에 심혈을 기울였으며 부다 왕궁이 있는 바르 헤지Var-hegy 아래를 뚫는 터널까지 설계했다. 그래서 헝가리인들은 부다 쪽 다리 입구의 광장을 '애덤 클라크 광장'이라 명명하여 지금까지 고마움을 나타내고 있다.

란치히드는 그런 연유로 헝가리-영국 친선의 상징이 되었다. 헝가리가 유럽연합(EU)에 가입한 2004년 5월 1일 아담 클라크 재단(총재는 니젤 토르프Nigel Thorp 전 헝가리주재 영국대사)이 출범하여 1천만 포린트를 모아 란치히드 건설의 주역 세체니와 아담 클라크를 기념하는 동상을 만들기로 하고, 현대조각가 임레 바르가Imre Varga에게 작품을 위촉했다.

1842년 다리 공사가 시작되긴 했지만 어려운 고비도 많았다. 완공을 코앞에 두고 벌어진 1848년부터 2년간의 대 오스트리아 독립전쟁 땐 파괴 일보직전까지 가기도 했다. 전쟁이 완전 실패로 끝난 이듬해 11월 21일 준공식이 열렸다. 부다와 페스트가 처음으로 한 도시가 될 수 있는 기반이 마련된 것이다. 준공식장에선 해프닝도 적지 않았나 보다. 이 다리 초입에는 사자 동상이 한 쌍씩 모두 네 마리가 안치되어 있는데 한아이가 갑자기 "아니, 사자 입에 혀가 없잖아!"라며 고함을 질렀다고 한다. 아이의 말에 너무도 자존심이 상한 조각가는 그만 그 자리에서 다뉴브강물에 뛰어들어 자살하고 말았다는 얘기가 전해온다.

하도 이상한 소문이 꼬리를 물어서인지 후대 역사가들이 주의 깊게 조사까지 했는데, 문제의 조각가는 다뉴브에 몸을 던진 적도 없으며 행복하게 여생을 마감했다는 조사결과까지 나와 있다. 다만 그런 문제가 제기되기는 했던 모양이다. 동물학자들까지 사자상을 면밀하게 조사했고 본래 사자 혀가 뒤쪽으로 치우쳐 있어 쉽게 볼 수 없다는, 조각가에게 꽤나 우호적인 유권해석까지 붙었다. 이래저래 다리에 얽힌 설왕설래가

많긴 했던 모양이다.

란치히드가 독립전쟁에선 살아남았지만 제2차 세계대전 중 나치 독일의 공격엔 견디지 못해 일부 교량이 붕괴되고 말았다. 워낙 중요한 다리라 전후에 곧바로 재건되었으며 부다페스트의 경관을 보여주는 가장 상징적인 조형물로 남아있다.

마르깃섬의 전설

부다페스트가 다뉴브의 진주라면 마르깃섬은 부다페스트의 진주다. 마르깃Margit은 영어 마가렛Margaret의 헝가리어식 표기. 그리스어 마르가리테스Margarites가 그 어원인데 바로 '진주'라는 뜻이다. 마게리트Marguerite, 매기Maggie, 멕Meg 등도 모두 이 어원에서 파생되었다.

마르깃섬은 본래 토끼섬, 온천섬 그리고 풍광이 아름다운 비경의 섬 등 세 곳이었는데, 19세기에 홍수 방지를 위한 제방축조공사를 하면서 하나가 되었다. 로마 시대부터 사람이 거주하긴 했지만 가끔 왕이 토끼 사냥을 하러 오면 잠시 정적이 깨졌을 뿐일 정도로 자연 상태 그대로인 곳이어서, 주로 속세를 떠난 수도사들이 머물렀다고 한다.

이 섬에 마르깃이란 이름이 붙은 것은 몽골 휘하의 타타르족이 1242~1244년 헝가리를 초토화한 사건이 계기가 되었다. 당시 왕은 벨라 4세Béla IV(1206~1270). 신앙심이 돈독했던 그는 이번 전쟁이 무사히 끝나게만 해주면 왕비가 당시 임신중인 아이를 하느님께 바치겠다고 맹세했다. 전쟁은 끝났고 공주 마르깃이 태어났다.

벨라 4세는 아리따운 공주가 수도원에서 간혀 살아야 할지도 모른다는 생각에 가슴 아파했지만 지엄한 신과의 약속을 지키지 않을 도리도 없어 고민에 빠졌다. 모든 스토리가 그렇듯 또래보다 성숙했던 공주는 아버지의 맹세를 우연히 알게 되었고 실천에 옮긴다. 11세이던 1252년 섬으로 들어간 공주는 죽을 때까지 20년간 그곳에서 오로지 기도와 수도 생활로 아버지의 약속을 지켰다. 벨라 4세는 딸을 위해 도미니코회 수도원과 교회를 섬에 세웠는데, 그때부터 이 섬은 마르깃섬이 되었다. 그리고 공주는 후일 교황청에 의해 시성諡聖되어 성녀 마르깃이 되었다.

부다페스트의 모든 역사가 그렇듯 고요한 섬 마르깃 역시 온전히 보전될 리 없었다. 16세기 중반 오스만트루크 침공 때 섬은 파괴되었고 사람들의 기억 속에서조차 떠내려가 버렸다. 수도원과 교회의 발자취, 그리고 마르깃의 아름다운 사연까지도 잡초더미 속으로 사라지고 만 것이다.

마르깃의 성심聖心이 발현된 것은 그로부터 300년 후이다. 다뉴브강의 큰 홍수가 마르깃의 유적을 덮고 있던 흙더미를 쓸어버렸고 마쟈르인들은 잃었던 마르깃의 기도소리를 기억해냈다. 지금 남아있는 작은 교회는 그때의 기억이다. 마르깃섬에 들를 때마다 편안함과 평화를 느끼게 되는 것은 마르깃 공주의 기도가 지금도 이어지고 있기 때문이 아닐까.

기쁨도 잠시, 오스만트루크가 빠져나간 자리에 합스부르크가 들어왔다. 마르깃섬도 합스부르크 왕국 소유가 되었고 헝가리 총독이었던 요셉 대공(1776~1847)은 1795년 섬의 소유권을 양도받았다. 그는 이 섬을 희귀식물과 나무로 가득한 공원으로 만들었다. 마르깃섬이 일반 대중에 공개된 것은 1869년이었지만 그리 인기가 없다가, 1879년 마르깃 다리(Margit Hid)가 완공되면서 섬은 부다페스트 시민들의 안식처로 인식되었다. 마르깃 다리에는 파리의 에펠탑을 만들었던 프랑스 건축가 구스타브 에펠Gustave Eiffel(1832~1923)의 작품도 있다. 마르깃 다리 역시 제2차 세계대전 때 파괴되었다가 1948년에 복원되었다. 마르깃 다리에서는 걸어서만 섬으로 들어갈 수 있다.

1908년에는 부다페스트 시 당국이 이 섬을 매입해 유료공원으로 만들었다. 게다가 토요일과 휴일에는 입장료를 두 배로 받는 관행이 제2차 세계대전이 끝난 1945년까지 계속되었다. 명색이 시민 공원으로서 마르깃섬은 제2차 세계대전 이후에야 시작될 수 있었다. 마르깃섬 북단에 있는 아르파드 다리(Arpad Hid)는 제2차 세계대전 후인 1950년에 건설된 현대적 다리로, 마르깃섬으로 들어가는 유일한 자동차도로이다.

이제 마르깃섬은 부다페스트의 허파라고 할 정도로 아름다운 숲과 정원, 그리고 온천 등 휴게시설로 꾸며져 있다. 마르깃 공주의 사연이 남아있는 주변을 걷다보면 수많은 헝가리의 문학가, 예술가들의 동상을 만나는 것 또한 아름답다. 게다가

마르깃 다리

얼마 전에는 심한 폭풍우가 불어 나무가 뽑혀 나오면서 헝가리에서 가장 오래된 15세기의 종이 발견되기도 하는 등 마르깃섬은 과거의 향기마저 진하게 풍기고 있다.

엘리자베스 다리

부다페스트의 섬과 다리에는 유독 여인의 한과 슬픔이 많이 서려있는 듯하다. 순종의 삶을 산 마르깃 공주가 마르깃섬으로 남았다면 에르제베트 다리(Erzsebet Hid)로 남은 에르제베트는 세기의 연인이었다. 사랑을 원했지만 사랑을 얻지 못했고, 자유를 원했지만 자유를 얻지 못했던, 그러나 19세기를 살면서도 이미 21세기의 삶을 보여준 에르제베트 헝가리어로 에르제베트라 불린 여인은 오스트리아-헝가리 제국의 황제였던 합스부르크 제국의 프란츠 요셉1세(재위 1848~1916)의 왕비 엘리자베스(1837~1898)이다. 사실 그녀는 마쟈르인의 연인인 동시에 유럽의 연인이기도 했다. 합스부르크의 영욕이 서린 비엔나의 쇤부른Schönbrunn 궁전에 들어간 유럽인들의 발길이 유달리 오래 머무는 곳이 바로 엘리자베스-시시Sisey란 애칭으로 우리에게 더욱 잘 알려져 있는 여인의 방이다.

　바바리아 국왕 막시밀리안 2세의 외손녀였던 그녀는 독일 뮌헨에서 태어나 16세 때 프란츠 요셉을 만나 사랑에 빠지게 된다. 시어머니인 소피 대공비의 결혼 반대는 그 시작이었다. 첫째 아이 소피의 죽음, 그리고 끝내 자신의 아들이었던 황태자 루돌프마저 자살하고 마는 가정적 비극에 그녀는 유럽을 떠돌게 된다. 루돌프의 자살로 왕손이 끊어진 합스부르크 왕가는 왕의 사촌인 프란츠 페르디난드Franz Ferdinand를 왕위계승 1위인 황태자로 책봉한다. 그가 1914년 6월 28일 사라예보 방문 중 암살되고 이것이 바로 제1차 세계대전의 발발 원인이 되었다는 것은 이미 잘 알려져 있다.

　그녀는 누구보다도 헝가리인들을 사랑했다. 왕가의 엄숙주의에 눌려 살았던 그녀는 오스트리아의 압제에 시달린 헝가리인들과 동병상련同病相憐했다. 헝가리어를 배우고 여름에는 별장이 있던 부다페스트 근교의 괴델뢰Gödöllö에 주로 머물렀던 것도 헝가리에 대한 사랑 때문이었다. 1867년 헝가리가 오스

엘리자베스 다리

트리아와 동등한 자격으로 오스트리아-헝가리 제국이 되었던 것은 바로 엘리자베스의 공헌이 있었기에 가능한 일이었다.

다리 공사는 1897년에 시작했지만 이듬해 엘리자베스는 스위스에서 이탈리아 무정부주의자 루이기 루체니의 칼에 찔려 불행한 삶을 마쳤다. 1903년의 기념 다리 완공행사는 추모제가 되어 버렸다. 이곳 역시 1945년 독일군에 의해 파괴되었고 전후 4년간의 공사 끝에 1964년 다시 개통되었다. 이 다리는 겔레르트 언덕과 페스트의 바치 거리를 연결하는 곳이어서 차량 통행이 가장 많은 곳이기도 하다.

사바차그·페퇴피 다리

엘리자베스 다리 아래에 겔레르트 호텔과 페스트를 연결하는 다리가 바로 '자유'라는 뜻의 사바차그 다리(Szabadság Hid).

엘리자베스가 여성적 매력을 풍긴다면 사바차그 다리는 육중한 철강 구조 곳곳에서 남성적 매력이 묻어 나온다. 엘리자베스 다리 공사가 시작되기 전인 1896년 개통된 이 다리는 본래 엘리자베스의 남편인 프란츠 요셉 황제를 기려 만든 다리여서 그렇다.

이름은 오스트리아 황제였어도 헝가리인들은 마지막 자존심을 이 다리 위에 채웠다. 다리의 첨탑 꼭대기에는 헝가리 민족의 상징인 신비의 '투룰Turul' 새를 안치해 놓았다. 투룰은 마쟈르인들에게 가장 중요한 토템인 상상의 새로, 얼핏 독수리를 연상시키지만 어원으로 따져보면 매에 가깝다. 투룰은 터키어 '토그룰togrul' 혹은 '투르굴turgul'에서 온 말인데 이는 정확히 '매과의 송골매'를 가리키기 때문이다.

투룰은 마쟈르족의 중유럽 정착기인 9세기까지도 설화를 통해 남아 있었던 고대 민간 신앙의 가장 중요한 대상이다. 일반적으로 투룰은 발톱으로 왕의 칼을 지니고 날아가는 모습이다. 헝가리에서 가장 큰 투룰상은 서북부 타타바냐Tatabánya에 있는 것으로 날개가 15m에 달해 유럽에 있는 새의 조형물 중 가장 큰 것으로 꼽힌다.

사바차그 다리 아래에 건설된 페퇴피 다리(Petőfi Hid)는 헝가리 독립 운동에 명운을 걸었던 국민 시인 샨도르 페퇴피Sándor Petőfi(1823~1849)를 기념해 만든 다리이다. 헝가리 독립을 위해 목숨을 바치려 했던 민족 순수의 상징 같은 존재인 그는 헝가리 독립 전쟁이 일어나기 전 2년 동안 오로지 프랑스 혁명에 관한 책만을 읽으며 헝가리 혁명을 학수고대했던 헝가리의 민족시인이기도 하다. 1848년 3월 14일 혁명 전야, 페퇴피는 밤새워「민족의 노래Nemzeti Dal」란 시를 썼고 다음날 헝가리국립박물관 정문 계단에서 이를 낭독했는데 이것이 바로 헝가리의 독립 전쟁의 시작이었다. 부다페스트 시민들은 3월 15일을 '시민 혁명일'로 부르기도 하지만 그보다 더 자주 '페퇴피의 날'이라 부른다.

부다페스트 시계의 가장 북쪽과 남쪽에는 각각 철도를 위한 철교가 놓여있다. 북쪽 철교는 1955년에 완공되었고 남쪽은 꽤 역사가 깊어 1876년에 개통되었다. 부다페스트에서 가장 최근 건설된 다리는 라지마뇨시 다리(Lágymányos Hid)로 1955년 완공되었다. 이로써 현재 부다페스트 시계 안에 다뉴브에 있는 다리는 모두 9개이다.

체펠섬

마쟈르인들이 지금의 부다페스트 지역으로 처음 들어왔을 때 발길이 닿은 곳 중 하나가 바로 체펠섬이었다. 그들에겐 이곳이 하나의 뿌리인 셈이다. 체펠은 헝가리 내 다뉴브에서도 가장 큰 섬으로 길이는 무려 54km, 폭은 좁은 곳은 3km에서 넓은 곳은 10km에 이른다. 전체 면적은 257km²로 아예 행정구역상으로도 부다페스트의 21구로 독립되어 있다.

체펠섬엔 청동기 시대인 2세기경부터 사람들이 거주했다고 한다. 13세기에 익명의 누군가가 헝가리에 대해 기록한 「게스타 헝가로룸*Gesta Hungarorum*」에 따르면 체펠이라는 이름은 당시 헝가리 부족장이었던 아르파드Árpád가 지은 것으로 전해진다. 그것은 위대한 섬이란 뜻이라고 한다. 헝가리 남자 아이의 이름 중에도 체펠을 쓰는데 뜻은 '젊은 숲'에서 유래되었다고 한다.

한동안 무인도였던 체펠에 사람이 거주하기 시작한 것은 1712년. 체펠 섬은 급속히 개발되었으나 개발된 지 1백여 년 만인 1838년 다뉴브강의 대홍수로 완전히 파괴되고 말았다. 그러다 1867년 오스트리아-헝가리 제국의 탄생과 함께 홍수를 막기 위한 대대적인 정비 공사가 이뤄지면서 체펠도 다시 각광받았다. 뱃길이 가장 중요한 물류 수단이었던 당시엔 이곳이 꽤나 이상적인 산업 입지였다.

1893년 웨이쉬 만프레드Weiss Manfréd(1857~1922)의 무기 공장 건설을 시작으로 체펠이 북적대기 시작했다. 이 공장은 1914년 제1차 세계대전 발발 당시 무려 3만 명을 고용하는 당대 최대의 군수공장으로 발전했다. 당시 체펠섬 전체 주민이 1만 5천 명에 불과했으니 공장의 규모를 짐작할 만하다. 제2차 세계대전 후 헝가리 공산정권 시절에도 트랙터, 트럭 공장이 자리 잡는 등 지금도 체펠은 여전히 헝가리 산업기지로서의 역할을 묵묵히 다하고 있다.

부다 ^{힐 클라이밍}

부다페스트는 페스트의 평지와 부다의 산악지대가 다뉴브
강을 사이에 두고 만들어낸 다이내믹한 라인이 경관을 결정한
다. 부다의 언덕은 멀리서 보면 올망졸망, 그러나 가까이 가보
면 깎아지른 듯한 작은 산으로 이뤄져 있다. 헝가리어로 헤지
Hegy는 영어로 힐Hill을 뜻한다.

부다 헤지는 해발 200m에서 500여m에 이르는 다양한 산
으로 구성된다. 다뉴브강가에 불쑥 솟아오른 겔레르트 헤지
(235m), 왕궁이 있는 바르 헤지(168m), 그리고 고급 주택들이
몰려있는 샤시Sas(헝가리어로 독수리란 뜻) 헤지, 그리고 부다페
스트에서 가장 높은 곳인 야노시János 헤지(527m) 등이 대표적
인 곳이다. 이제 이곳을 올라가 보자.

겔레르트 헤지

부다페스트의 처음이라고도 할 만한 겔레르트 언덕에는 헝가리 근대사의 상처가 놓여있다. 지금 볼 수 있는 꼭대기의 성채는 합스부르크제국이 1850년부터 1854년까지 만든 것으로 과거에 만든 요새 개념과는 전혀 다르다. 이 시대 헝가리는 합스부르크 제국의 식민지였으며 이 시타델러의 기능은 오로지 페스트를 중심으로 발생하고 있던 독립운동 감시용 망루였다. 1848년부터 2년간 계속된 헝가리인들의 독립전쟁, 그 이후에도 식을 줄 모르던 헝가리인들의 독립운동에 대한 합스부르크 제국의 감시초소였던 것이다.

동-서 방향으로 건설된 성벽의 길이는 200m, 높이는 4~6m 그리고 벽의 두께는 1~3m이다. 그러다 19세기 말 합스부르크 제국군대가 이곳을 떠나 철수할 때 성곽이 부분적으로 파괴되었다. 물론 그 뒤에도 헝가리군이 이어서 요새로 사용했다.

제2차 세계대전 기간엔 독일이 들어왔고 이 요새에 방공포대를 설치했다. 요새의 다른 쪽은 전범수용소로 이용했다. 그러다 1944년 마침내 소련군이 침공하자 나치 독일은 이 요새에서 최후의 방어전을 펼치다 마침내 무릎을 꿇었던 것이다. 소련은 그 기념으로 1947년 시타델러 꼭대기에 높이만 무려 40m에 달하는 소녀의 동상, 이른바 '자유의 여신상'을 세웠다. 이 소녀는 두 팔을 지켜든 채 승리를 뜻하는 종려나무를 펼쳐 들어 보인다. '소련군이 마침내 승리했다'는 징표다.

이 땅에서 공산주의가 무너지자 '자유의 여신상' 철거가 당면 과제로 떠올랐다. 그네들의 마음이야 왜 철거하고 싶지 않았을까. 그러나 그들은 영광이든 치욕이든 그것도 그들 역사의 일부분이고 또 그 기념비 보존을 통해 다시는 그런 잘못을 저지르지 않겠다는 생각을 했으리라. 그래서 오늘도 그 자리의 '자유의 여신상'은 여전히 세상을 향해 승리의 종려나무를 펼쳐 보이고 있다. 그저 감정에 치우쳐 조선총독부 건물을 철거해버린 우리네 졸속 결정을 다시금 되씹어보게 하는 대목이다.

한때 감옥으로 사용되던 시타델라 성채 일부엔 호텔과 식당, 카페가 성업중이다. 오늘도 그곳은 합스부르크와 소련 치하의 어두움을 되돌아보려는 마쟈르인들, 그리고 그곳에서 다뉴브와 부다페스트의 조화로운 파노라마를 즐기려는 관광객들로 가득하다. 자유의 여신상 기단 뒷벽에 새겨진 소련군 병사의 이름을 만져보려는 러시아 후손들의 발길도 끊이질 않는다.

페스트에서 엘리자베스 다리를 건너다보면 겔레르트 언덕의 중간쯤에 거대한 석상이 다뉴브를 내려다보고 있다. 그가 이 언덕의 주인공이자 수호신인 성 겔레르트이다. 4m 높이의 이 동상은 헝가리 건축가 쉬트로블Zsigmond Kisfaludy Strobl(1884~1975)의 작품. 쉬트로블은 헝가리가 낳은 세계적 건축가로 이 작품은 종전 기념으로 1947년에 완공되었다.

성 겔레르트는 본래 이탈리아의 베네딕트 수도회 수사로 본명은 지라르도Girardo. 베네치아에 있던 성 조르지오(St. Giorgio) 수도원 원장을 역임하는 등 당시 로마 가톨릭의 거물

겔레르트 석상

이었던 그는 헝가리의 이스트반Istvan왕을 도와 마쟈르인들을 기독교인으로 개종시키려는 의도로 파견된다.

그러다 1045년, 그는 헝가리에서 기독교화에 반대하여 폭동을 일으킨 이교도들에게 붙잡혔다. 이교도들은 겔레르트를 못이 촘촘히 박힌 둥근 통 속에 가두고 그것을 언덕에서 다뉴브강으로 굴려버렸다. 그의 온몸은 못이 박혀 살이 찢겨나갔고 통은 다뉴브의 물 아래 가라앉고 말았다. 헝가리 최초의 순교자가 탄생하는 순간이었다. 성 겔레르트 동상은 그가 통에 갇힌 채 죽음을 맞이했던 바로 그 언덕에 세워진 것이다.

겔레르트 호텔 뒤편으로 겔레르트 헤지를 조금만 올라가면 깎아지른 듯한 바위 위에 십자가가 보이고 그 밑에 동굴 교회가 자리 잡고 있다. 이곳은 성 바오로 은수자 수도회가 관할하는 '동굴교회Sziklakápolna'이다.

이 수도회의 수호성인인 은둔자 성 바오로(St. Paul the First Hermit)는 서기 228년 이집트의 알렉산드리아에서 부유한 귀족의 아들로 태어났다. 그는 서기 250년 데키우스Decius 황제(재위249~251)의 기독교 박해기간에 홍해 근처에 있는 테베 사막으로 들어가 113세로 선종할 때까지 무려 91년간을 홀로 수도하며 기도했던 인물이다. 그의 수도 생활은 그가 생을 마감하기 직전 이집트의 수도원장 성 안소니(St. Anthony the Abbot)에게 발견되어 후세에 전해졌다. 그 후 헝가리 에스테르곰의 성직자였던 에우세비우스Eusebius가 그를 본받기 위해 1215년 수도회를 창시했는데 특히 폴란드에서 꽃을 피우게 된다.

그 이유는 이렇다. 폴란드의 라드슬라우Ladislaus 왕자가 러시아의 베이츠에 있는 한 성에서 전리품으로 '성모마리아'가 그려진 성화를 폴란드의 첸스토호바Chestochowa로 가져왔다. 본래 팔레스타인에서 그려졌다는 이 성화의 여정도 상당히 극적이었고, 1402년 성모 발현 이후 1957년까지 무려 1,500회 이상의 기적이 이 성화에서 발현되었음이 보고되었다 한다.

게다가 이 그림을 그린 사람은 바로 복음사가인 성 루가(St. Luke)일 것이라는 신비까지 더해졌다. 성 루가는 12제자에 속하진 않지만 누가복음과 사도행전을 기록한, 그래서 그의 이름 뒤에 '복음사가'란 별칭이 붙은 인물이다. 루가가 이 그림을 실제로 그렸는지는 알 수 없지만 그가 신약 4복음서의 기록 중 성모 마리아에 대해 가장 많이 기술한 데다 예수 탄생 전후의 내용이 비교적 자세히 나와 있다는 사실로 추정할 뿐이다.

라드슬라우 왕자는 이 성화를 제대로 관리해줄 사람들로 바로 성 바오로 은수자 수도원을 지목했다. 성화가 은수자 수도회 소속의 야스나 고라Jasna Gora 수도원에 안치된 것은 1384년이었다. 야스나 고라는 '빛의 언덕'이란 뜻으로 성화에 걸맞는 곳이었다. 이때부터 성화의 기적은 시작되었고 수도원은 폴란드 가톨릭교회의 영적 수도가 되었다. 지금은 전 세계 270여 개의 성당들이 이 성화의 이름으로 봉헌되었는데 미국에만 27개 성당이 있을 정도이다.

다시 겔레르트 동굴 교회로 돌아오자. 1924년 프랑스의 성모 성지 루르드Lourde 순례를 다녀온 일단의 은수자회 수도사들은 겔레르트 헤지에서 자연 동굴을 발견하곤 그곳에서 성 바오로가 사막에서 한 것처럼 수도 생활을 시작했다. 그로부터 3년 만인 1926년 동굴 교회를 봉헌했고 그 뒤 17년간 이들은 동굴에서 오로지 수도생활로 일관한다.

공산화된 헝가리는 이 동굴 교회를 그냥 두지 않았다. 1951년 헝가리 비밀경찰은 이곳에 들이닥쳐 수도자들을 체포했고 동굴 입구를 무려 2.25m나 되는 두꺼운 콘크리트로 봉해버리고 말았다. 수도자들은 곧바로 재판에 넘겨져 수도회를 이끌던 페렌츠 베제르Ferenc Vezer 수도사는 처형되어 순교했고 나머지 수도자들도 최소 5년에서 10년형을 선고받았다.

이 동굴은 공산주의가 무너진 1989년 8월 27일에야 막힌 장벽을 뜯어내기 시작했는데 3년 뒤에야 완전히 제거될 정도로 견고하게 봉인되었다고 한다. 이곳에는 지금 10명의 수도 자들이 수도하고 있으며 하루 7차례 미사가 진행되고 있다. 겔레르트 동굴 교회는 은둔자의 종교적 모습, 그리고 공산주의가 남긴 종교와 이념의 갈등을 온 몸으로 느껴볼 수 있는 헝가리 현대사의 한 단면이다.

바르 헤지

세체니 란치 히드에서 부다 쪽을 쳐다보면 '성채의 언덕'이란 뜻의 거대한 바르 헤지가 보인다. 강변 위에 깎아지른 절벽위에 들어선 화려한 왕궁의 자태는 이 언덕이 실제보다 훨씬더 높아 보이는 착시 현상까지 일으킨다.

란치 히드 건너에는 아담 클라크 광장이 있는데 그 왼편에바르 헤지를 오르내리는 케이블카가 보인다. 생긴 건 사실 절벽의 경사면을 따라 비스듬히 움직이는 엘리베이터 모양이다.헝가리인들은 이를 '부다바리 시클로Budavári sikló'라고 하는데이는 '부다성 케이블카' 정도의 뜻이다.

이 케이블카는 다뉴브강변에서 부다성으로 올라가는 가장빠른 교통수단이다. 깎아지른 산을 오르내려서 그런지 케이블카는 계단형으로 되어 있고, 각각 세 개의 문으로 들어갈 수있으며 그곳에 의자가 놓여있다. 케이블카를 타고 오르다보면다뉴브강변의 절경에 현기증이 날 정도이다. 그러다 산 중턱에 보행자용 다리 밑을 지나가는데 그곳을 걸어 오르내리는 관광객들과 케이블카 승객은 서로 손을 흔들며 인사를 나눈다. 이름도, 성도, 국적도 모르지만 아름다운 공간에서 같은 시간을 보내고 있다는 동류의식이라고나 할까.

주로 관광객들이 이 케이블카를 이용하다보니 그것이 관광용이라 생각하기 쉽지만, 실은 그렇지 않다. 이 케이블카는 오스트리아-헝가리 제국시절인 1870년에 완공되었는데 본래 부다성에서 일하는 노동자를 위해 만들어진 것이다. 부다성에서 일하려면 아침부터 비지땀을 흘리고 걸어올라 가야 하는 불편을 덜어준 것이다. 그러니 이 케이블카는 당당히 대중교통수단인 셈이다. 이곳에도 상처는 남아있다. 오리지널 케이블카는 제2차 세계대전 때 독일군의 공습으로 완전히 망가졌고 사회주의 시대에도 그냥 내버려져 있다가, 사회주의 말기인 1986년에 그나마 현 상태로 복원되었다.

케이블카에서 내려 이제 왕궁 쪽으로 발을 돌려보자. 그러면 제일 먼저 다뉴브를 향해 날아오를 듯 날개를 활짝 펴고 '왕의 칼'을 발에 든 투룰 상이 보인다. 그곳부터가 왕궁이다.

다뉴브강 쪽 왕궁 앞뜰로 가면 먼저 말을 탄 청동상이 우리를 맞는다. 주인공은 합스부르크 왕가의 보호자였던 사보이 가문의 유진Eugene 왕자(1663~1736)로, 그는 본래 파리에서 태어나 성장했지만 루이 14세를 섬기는 대신 오스만트루크와 싸움을 벌이던 합스부르크 왕가의 레오폴트Leopold 1세 황제를 주군으로 섬겼다. 당시 프랑스 궁정에서는 유진 왕자가 루이 황제의 실질적인 아들이라는 루머도 있었다. 이 조형물은

1697년 그가 이끈 연합군이 오스만트루크를 상대로 결정적인 승기를 잡았던 젠타Zenta(현 유고의 센타Senta)전투 승전 기념비로 1900년에 세워졌다. 유진 왕자의 쌍둥이 동상은 합스부르크 왕가의 거주지인 비엔나의 호프부르크Hofburg 신궁新宮 앞에도 있다.

왕궁 터는 영광의 자리인 동시에 슬픔이 가득한 곳이다. 지어 놓으면 전쟁이 휩쓸어 폐허만 남고, 다시 지으면 또 전쟁이 몰려온 곳이기 때문이다. 부다페스트의 슬픈 역사는 이곳에서 절정을 이룬다. 마르깃섬의 슬픈 사연을 제공한 마르깃 공주의 아버지 벨라 4세가 1241년 타타르 족의 침공 후 처음 왕궁을 건설하였다. 그 후 룩셈부르크의 지기스문트Sigismund(1387~1437) 통치 시절 대대적인 고딕식 왕궁이 증축되었는데, 이 건물은 당시 유럽에서 가장 아름다운 왕궁으로 손꼽힐 정도였다 한다.

부다 왕궁을 중심으로 황금기를 꽃피운 이가 바로 마티아스Matthias 왕(1451~1490). 당대 르네상스식 건물로는 유럽 최고로 꼽혔을 뿐만 아니라 헝가리에서도 가장 황금기로 꼽히는 시기였다.

호사다마好事多魔라고 했던가. 좋은 시절인가 했더니 오스만트루크가 헝가리를 공격하여 헝가리 전역 중 부다까지 정복해 버렸다. 한쪽은 합스부르크, 한쪽은 터키, 그리고 또 다른 한쪽이 터키의 지배를 받기 시작하는 이른바 헝가리 3국시대가 개막한 것이었다.

부다 왕궁

　그나마 터키는 부다성을 공략하면서 왕궁을 파괴하는 심각한 전투는 치르지 않았다. 외환外患은 본래 내우內憂에서 비롯되는 것이 역사의 법칙. 왕권을 갖겠다는 싸움판에서 오스만트루크는 왕궁을 거의 어부지리漁父之利로 얻었던 셈이다. 그러나 1686년, 부다 왕궁을 장악하고 있던 오스만트루크와 기독교 연합군 사이의 최후의 혈전이 시작되었다. 전투 속에서 왕궁도 사라져 버리고 말았다. 몸에 병이 들 때보다 날 때 더 조심해야 한다는 격언을 왕궁의 참담한 역사에서 느낄 수 있으니 참으로 아이러니하기까지 하다.

　헝가리는 오스만트루크를 대신한 합스부르크 제국의 지배를 받기 시작했다. 터키가 물러간 지 10여 년 만에 급한 대로 좀 궁색하지만 소박한 왕궁을 짓긴 했던 모양이다. 그러다

1779년이 되어서야 대대적인 확장을 했다. 부다성에 다시 왕궁이 서긴 했으나 그것은 헝가리 민족의 왕을 위한 것이 아니라 비엔나의 합스부르크 가문을 위한 것이었다.

지배자의 학정에 짓눌리고 있던 마쟈르인들은 결국 일어나 오스트리아를 향해 전쟁을 선포했다. 이것이 바로 1848년부터 2년간 계속된 헝가리 독립 전쟁이다. 이 전쟁은 헝가리인의 불굴의 투지와 기개를 보여주었으나 참담한 패배로 끝났고 부다의 언덕에 세워진 왕궁은 다시 내려앉아 폐허가 되고 말았다.

왕궁이 있는 바르 헤지는 그야말로 천혜의 왕궁 자리였거나 지기地氣의 팔자가 궁성 터로 타고 났나보다. 또다시 왕궁은 건설되기 시작했고 1904년에 완공되었다. 1867년 헝가리는 오랜 염원이던 식민지에서 벗어나 오스트리아와 같은 자격을 가진 오스트리아-헝가리 제국이 되었으니 이번 왕궁 건설이야말로 마쟈르인의 기쁨이었다. 폐허가 된 전의 왕궁보다 규모가 배 이상 확장된 대역사였다.

수난은 그것으로 끝나지 않았다. 제2차 세계대전 기간 나치 독일은 왕궁을 헝가리점령본부로 사용하고 있었다. 전쟁 말기 부다페스트를 침공해 들어온 소련군이 부다 왕궁을 포위했으니 치열한 전투가 불가피해졌다. 결말은? 또다시 다 무너졌다.

제2차 세계대전 이후 왕궁은 다시 건설되기 시작했으나 시대는 이미 공산주의 시대였다. 당초 고딕식에 바로크식까지 가미되어 건설된 건물은 이제 왕궁이 아니라 온전히 박물관용으로 건설된 것이다. 무늬는 왕궁이었지만 속은 헝가리국립미술관, 부다페스트 역사박물관, 그리고 국립 세체니 도서관이 들어가 있다. 이 왕궁 터에도 아직 전쟁의 참상은 남아있다. 제2차 세계대전의 전투에서 살아남은 몇 개의 건물에는 아직도 숭숭 뚫린 총알 자국이 가득하다.

부다 왕궁의 국립미술관 1층에는 제2차 세계대전 이후 왕궁 복원 시 발굴된 유물들이 전시되고 있다. 그중에서도 가장 중요한 조각품의 하나는 벨라 3세의 조각상인데, 이 유물은 대개 800여 년 전인 1200년경의 것으로 추정되고 있다. 또한 헝가리 전역에서 수집된 고딕, 그리고 르네상스 시대 유물들과, 19·20세기 헝가리 저명 작가들의 콜렉션도 있다. 대표적인 헝가리 미술가로는 「1686년 부다성 탈환」 등의 대표작을 남긴 줄라 벤추르Gyula Benczur가 있다. 그의 그림은 이스트반 대성당과 국회의사당에서도 찾아볼 수 있다.

부다페스트 역사박물관은 부다페스트뿐만 아니라 왕궁의 역사를 주로 다루고 있다. 이 박물관을 돌아보면 중세 시대 부다와 페스트시대를 조명할 수 있도록 당시 출토 유물들을 주로 전시하고 있다.

역시 부다 왕궁에 자리 잡은 국립 세체니 도서관(Országos Széchényi Könyvtár)은 세체니 란치히드를 건설했던 이스트반 세체니의 아버지인 페렌츠 이스트반의 주도로 창설되었다(그는 1802년에 자신이 수집했던 유물과 서적을 헝가리 민족에게 기증했는데 그것이 곧 헝가리 국립박물관의 기원이다). 국립 세체니 도서관은 처음에는 국립박물관의 서적코너였다가 후에 분리되었다. 도서관이 부다성에 자리 잡은 건 비교적 최근인 1985년이다.

마티아스 성당과 어부의 성

이제 왕궁을 나와 부다성 케이블카로 돌아와 그 반대편으로 가자. 고즈넉한 3, 4층 건물들 아래에는 기념품 가게가 즐비하다. 마치 타임머신을 타고 19세기로 돌아간 듯하다. 이곳을 지나가면 거대한 성당의 첨탑이 눈에 들어온다. 이곳이 바로 마티아스(St. Matthias) 성당이다.

주 출입구 앞에는 본래 중세 시장市場의 중심이었다는 삼위일체광장이 있고, 삼위일체탑(Szentháromság Szobor)이 그곳에 서 있다. 이 탑은 본래 18세기 초 부다 시 위원회가 1691년 헝가리를 엄습했던 흑사병 희생자를 추모하기 위해 세워졌다. 성경에 나오는 다윗 왕이 흑사병을 끝내는 기도를 하고 있는 모습도 보인다. 꼭대기에는 성부와 성자, 그리고 비둘기 모습으로 온 성령이 흑사병으로 죽어간 희생자들의 넋을 위로하고 있다.

중세 시대에 지어진 성당의 구조를 보노라면 동서양의 생각이 크게 틀리지 않는다는 느낌이 든다. 우선 성당의 중심인 제대는 동쪽에 놓인다. 유럽에서 보면 예수 그리스도가 탄생하고 십자가에 못 박힌 뒤 승천했던 곳이 동쪽(이스라엘)이기도 하거니와 동쪽은 늘 길한 방향이라 생각한 듯하다. 그리고 그 반대방향이 서쪽이고 그곳에 주 출입구가 있다. 아마 동서양 모두 동·남쪽은 길한 방향이고 서·북쪽은 흉한 방향이라고 생각한 모양이다. 그러니 성당 구조에 있어서도 북쪽에는 출입구가 아예 없고 남쪽에 보조 출입구를 만든다. 문제는 서쪽이다. 주 출입구가 제대와 마주하고

마티아스 성당

있으니 주 출입구가 있어야 하는데 방향이 길하지 않은 것이다. 그래서 마티아스 성당의 주 출입구 양편에는 천사 부조상이 있다. 악귀가 성당에 들어오지 못하게 하는 역할이니, 수호천사인 셈이다.

　우리 사찰의 구조도 내용은 비슷하다. 나쁜 마음을 물에 흘려보내라는 뜻의 피안교란 다리를 건너면 반드시 천왕문이 나온다. 불법佛法과 불법에 귀의하는 사람들을 수호하는 호법신인 사천왕상이 온갖 무서운 표정으로 문을 지키는 곳. 사악한 잡귀들이 절집을 넘보지 못하게 막는다는 의미에서 천사상이나 사천왕상의 역할은 놀랍도록 닮지 않았나.

이 성당의 본래 이름은 성모마리아 교회인데, 마티아스 왕의 이름을 딴 이유는 이곳의 남쪽 탑에 마티아스 훈야디Mattias Hunyadi(1458~1490) 왕가의 문장과 그의 머리카락이 보관되어 있기 때문이다. 13세기에 이 자리에 세워진 부다의 첫 번째 교구 본당은 14세기에 고딕식으로 재건축되었는데, 공사가 채 끝나기도 전에 오스만트루크가 침공했다. 그들은 부다성을 손에 넣은 뒤 마티아스 성당을 이슬람 모스크로 리모델링했다. 이 와중에 내부 제대 등은 모두 파괴되었고 벽면도 이슬람 고유의 아라베스크 무늬로 장식되었으며, 1686년에는 남쪽 탑과 지붕이 모두 붕괴되기도 했다. 식민 지배가 끝난 뒤 바로크 스타일로 재건축되었던 이 성당은 19세기 말의 명 건축가인 프리제시 슐렉Frigyes Schulek(1841~1919)이 중세 폐허에서 발굴된 유품을 다시 사용해 본래의 고딕식 건물로 재건축했다. 그러나 제2차 세계대전 와중에 성당은 다시 심각한 피해를 입었고 전후 복구에만 20년이 걸렸다.

이 성당은 헝가리 왕조의 영욕이 함께 한 유서 깊은 곳이다. 이 성당의 주역이기도 한 마티아스왕은 이곳에서 카테린 포데브리트Catherine Podebrad와 1463년에, 그리고 베아트리체Beatrice of Aragon와 1470년에 결혼식을 올렸다.

마티아스 성당의 가장 웅장한 장면은 역시 80m 높이의 고딕식 탑. 남쪽 출입구에는 성모 마리아의 죽음을 예언하는 내용의 14세기 부조화가 걸려있다. 이곳에 있는 교회예술 박물관에는 종교 예술의 정수를 볼 수 있는 작품들이 많다.

오스만트루크의 침략과 이어진 합스부르크 왕국의 지배는 헝가리 민족주의에 불을 지폈고 마티아스 성당은 바로 그 그릇이었다. 헝가리를 대표하는 음악가 리스트가 '대관식 미사' 곡을 초연한 곳도 바로 이곳이었다. 일요일 대미사를 마친 뒤 모든 사람들이 페렌츠 에르켈 작곡의 '애국가'를 합창하는 것도 이 성당의 오래된 전통이다.

어부의 성채

부다페스트에서 가장 아름다운 곳이 마티아스 성당을 둘러싸고 있는 다뉴브강 쪽의 '어부의 성채(Halászbástya)'이다. 마치 디즈니랜드의 요정이 나올 것 같은 7개의 둥근 탑으로 이뤄진 이 성채는 네오-고딕 양식에 속하는 것으로, 19세기말 마티아스 성당 재건축을 담당했던 슐렉의 또 다른 걸작이다.

7개의 탑은 본래 이곳에 정주할 때 같이 온 초기 마쟈르의 7개 부족을 상징한다. 어부의 성채는 따져보면 마티아스 성당을 돋보이게 하기 위한 건축물에 지나지 않지만 워낙 아름답고 완벽하게 만들어져 마티아스 성당보다 더 사랑받는 곳이기도 하다. 여기에 쓰인 석조물의 상당수는 옛 왕궁 잔해를 재사용한 것이라고 한다.

이곳에 '어부의 성채'라는 이름이 붙은 이유는 바로 이 성채 아래에 어부들이 주로 살았고 그들이 이 성채의 방어를 책임진 데 따른 것이다. 성채 아래는 '물의 도시'라는 뜻의 비지

바로시Vizivaros. 페스트에서 바르 헤지를 쳐다보았을 때 왕궁과 함께 어부의 성채, 그리고 마티아스 성당의 첨탑이 환상적인 광경을 연출하는 곳이다.

마티아스 성당 옆에는 힐튼 호텔이 자리 잡고 있다. '생뚱맞다'는 표현을 이때에 쓰는 게 아닐까. 그야말로 헝가리의 국보가 모여 있는 유적지에 호텔이 자리 잡고 있다니……. 그것도 13세기 도미니코 수도원 유적지를 호텔이 바닥에 깔고 앉아 있는 것이다. 왜 이런 일이 일어났을까?

이 호텔이 문을 연 것은 1977년 1월 1일. 세계의 힐튼 호텔들 중 가장 아름답다고 자랑하는 곳이지만, 관료주의가 돈과 결탁하면 어떤 일이 일어나는지를 이곳에서 생생하게 볼 수 있다. 그 아름답던 수도원의 자리는 힐튼 호텔의 자본주의 사이로 속 상처를 내밀며 지금도 신음하고 있다. 322개의 방, 6층으로 이뤄진 건물은 헝가리 공산주의자들에게 돈을 가져다주었지만 그들은 자신들의 역사를 파괴해버리고 만 것이다.

우리나라에서도 일전에 박물관 건설 공사를 하던 중 유물이 발견되자 서둘러 콘크리트로 덮어 버린 적이 있다, 관료주의란 공산주의든 자본주의든 별로 가리지 않는 모양이다.

미로 동굴의 도시

마티아스 성당 앞 삼위일체 광장을 지나 골목으로 들어가면 우리Úri 거리가 나온다. 이곳의 9번지에서 '부다성의 미로 (Budavári labrintus)'가 시작된다. 헝가리어 labrintus는 영어의 'labyrinth', 즉 '미로'라는 뜻의 단어이다. 이곳은 부다성 아래 미로처럼 흩어져 있는 동굴로 들어가는 입구 중 하나이다. 마치 하데스Hades가 지배하는 그리스 신화의 지하세계와 같다. 오죽하면 1536년 헝가리의 대주교 미클로시 올라Miklós Oláh는 "부다성 안엔 너무도 많은 와인 창고가 지하에 있어 지하가 실제로 다 텅 비어있다."고 말했다. 그는 라요시 2세Lajos II(1506~1526)를 보좌했고 그가 요절한 뒤 왕후의 비서를 역임하며 정치에 깊이 개입했던 인물이다.

이미 중세에도 그랬으니 그 뒤 얼마나 지하가 더 파헤쳐졌을까? 현재 지하동굴은 크게 3개층이다. 제일 위에는 부다성에 살던 귀족들이 지하실로 이용했던 와인 창고가 있으며 그 아래엔 '터키 동굴'이란 이름이 붙어있는 석회암 종유동굴이 있다. 맨 아래층엔 온천 때문에 생겨난 자연 동굴이 있다. 이 3개층은 이리저리 연결되면서 미로를 구성한다.

몽골 휘하 타타르족의 침입을 겪었던 벨라 4세Béla IV는 지하동굴을 군사적으로 이용했고 유사시 피난지로 적극 활용했던 왕이다. 게다가 중세시대 부다성에서 300가구 중 285가구가 동굴에서 나오는 지하수를 사용했다는 기록도 있으니 이래저래 부다성의 땅굴파기는 귀족들의 취미였던 셈이다.

그러니 동굴과 관련된 우화들이 후세에 전해져올 수밖에. 예컨대 헝가리 르네상스의 주인공 마티아스왕 시절인 15세기에는 유사시 비상탈출 동굴이 건설되어 출구가 마르깃섬에까지 연결되었다는 기록이 있었다. 소문에 소문이 꼬리를 물었는데 놀랍게도 이것은 곧 사실로 밝혀졌다. 부다와 페스트를 연결하는 2번 지하철을 건설하기 위해 다뉴브강 바닥을 파헤쳐 들어간 엔지니어들은 그곳에서 지하 땅굴을 발견했기 때문이다. 이때가 1960년대 말이었다.

부다의 남쪽인 부다테테니Budatétény로 연결되는 전장 22km의 동굴도 확인되었다. 그러자 가장 큰 관심사로 떠 오른 소문은 부다성에서 북쪽으로 40km 떨어진 비세그라드Visegrád까지 연결된 비밀 동굴의 진위였다. 보물이 묻혀있을지도 모른다는 그럴 듯한 소문까지 덧붙여지면서 그야말로 '땅굴 찾기'가 시작되었다. 아쉽게도 백방으로 조사가 진행되었지만 아직까지 확인되지 않았다.

지하미로가 근대에 들어 재조명되기 시작한 것은 1870년대 마티아스 성당 재건축 당시의 땅굴 흔적이 다시 발견되자 이그나츠 슈베르트Ignác Schubert가 이끄는 조사단이 부다 시의 후

원으로 전면적인 동굴 탐사에 나서면서부터이다. 조사단은 1882년에 첫 조사보고서를 내면서 지하미로에 대한 최초의 과학 탐사 기록을 남겼다.

지하동굴은 1935년 일반에 첫 공개되었고 제2차 세계대전 기간엔 대피소로 활용되었다. 도대체 전쟁이 부다페스트를 피해가는 법은 없나보다. 제2차 세계대전 시 수세에 몰린 나치 독일군은 급기야 이곳으로 군대를 숨겼는데 소련군이 지하동굴이라고 봐줄 리 만무하다. 지하동굴 주변에서 공방전이 계속되다 보니 동굴 일부가 붕괴되었는데 이는 1950년대에 간신히 복원되었고 1960년대에 다시 관광객들에게 공개되었다.

냉엄한 공산주의 시절에는 관광이란 것이 팔자 좋은 몇 사람의 사치였으니 수지타산이 맞을 리 있을까. 당장 보수, 유지 비용마저 없자 동굴은 아예 1975년 완전히 폐쇄되고 말았다. 관리를 제대로 한 적이 없으니 1980년대엔 동굴이 무너지면서 지상도로까지 심심찮게 파손되었다. 그러자 아무리 무심한 공산주의자들이더라도 '부다성 자체가 땅으로 꺼질지 모른다'는 걱정을 하지 않을 수 없었다. 더 이상 두고 볼 수 없던 헝가리 공산 정부는 315만 달러를 들여 전면적인 동굴 보수에 나서게 된다.

관광용으로 동굴이 다시 개발된 것은 역시 공산주의가 무너진 이후였다. 1990년에서 1997년까지 8년 동안 대대적인 동굴 보수를 통해 취약한 기반이 강화되고 새로운 전기 시설도 설치되었다. 철저히 관광용으로만 리모델링한 것이다. 현재 공개되고 있는 미로 동굴은 전장 1,200m이며 아래로는 16m까지 내려간다. 관광객 위주로 재개발된 동굴에는 갤러리, 영화상영관, 카페와 식당 그리고 이벤트 홀이 들어서 있다.

이곳에는 선사시대 그림도 벽에 장식되어 있으나 이는 알타미라Altamira 등 선사시대 동굴 그림의 복제품들이다. 중세시대의 축제, 르네상스식 만찬, 가면무도회, UFO 파티, 할로윈 파티 등 관광객을 위한 다양한 관광 상품이 눈부실 정도이다. 남의 호주머니를 결코 그냥 두지 못하는 마쟈르인의 가벼운 상술을 온 몸으로 느낄 수 있는 체험이 될 것이다.

로자 돔

페스트 쪽에서 부다를 바라보면 겔레르트 헤지, 그리고 왕궁이 있는 바르 헤지가 시선을 잡아채지만 그 뒤편으로 높이 솟아 부드럽게 이들을 감싸 안은 산들의 실루엣은 고즈넉하기 이를 데 없다. 그 숲 속에 마치 성냥갑처럼 얼굴을 조금씩 내민 수많은 집들을 보면 지나가는 여행객마저 그곳에서 살고 싶을 정도이다. 그 중심에 부다페스트의 가장 부유한 동네로 꼽히는 로자 돔Rozsa domb이 있다. 행정구역으로는 부다페스트 2구역에 속한다.

이곳이 로자 돔으로 불리게 된 건 오스만트루크 지배 시절의 사연 때문이다. 이슬람에서도 신비주의 쪽에 치우쳐 있는 수피 교단의 수도사 귈 바바Gül Baba(혹은 Buba)는 터키의 용병으로 전투에 참가했다. 그는 터키가 부다성을 정복한 1541년 어느 날 저녁 , 마티아스 교회에서 열린 부다 정복 기념행사 직후 암살당했는데 그의 시체가 묻힌 곳이 바로 로자 돔의 중심인 메체트 거리이다. 귈 바바가 속한 수피파의 벡타쉬 Bektashi 교단은 원예에 관심이 많았는데 그중 귈 바바는 터키에서도 장미 전문가이자 시인이었다. 그는 부다 지역에 장미라는 꽃을 전해준 최초의 사람이었다.

그의 무덤에 알게 모르게 장미가 피어났고 그 꽃이 유럽으로 전해졌다. 그래서 이곳이 바로 장미의 언덕 '로자 돔'이 된 것이다. 1997년에는 박물관도 복원해 재공개했다. 부다 지역에 가득 핀 장미는 바로 귈 바바의 숨결이 부활한 것이다.

로자 돔 위쪽에는 부다페스트 12구가 있고 부다페스트에서 가장 높은 야노시 헤지Janos Hegy가 정상에 있다. 이 산에는 수많은 나무와 잔디밭, 오솔길, 놀이 시설이 가득하고 오토 캠핑장, 수영장 등 청소년 위락시설도 마련되어 있다.

이곳의 명물은 매주 주말이면 어린이들이 운행하는 '어린이 철도'이다. 아담해서 장난감처럼 보이기도 하는 조그만 협궤 기차가 다니는데 승무원들은 모두 어린이들이다. 어린이에게 꿈과 희망, 미래를 경험하게 해 준다는 점에서 헝가리 어린이들에게 이 '어린이 철도'는 다정한 친구인 셈이다.

페스트 트레킹

현대 도시로서의 부다페스트는 1896년부터 시작되었다고
해도 과언이 아니다. 우랄 지역에서 서진해온 마쟈르인들이
896년 지금의 헝가리를 중심으로 한 트랜실바니아에 정주했
고 1천 년 밀레니엄 기념으로 대대적인 도시 리모델링 작업이
시작되었기 때문이다.

전국적으로 밀레니엄 랜드마크가 될 시설이 들어섰고 부다
페스트는 수도로서 당연히 그 맨 앞자리에 있었다. 수많은 건
물이 지어졌고 도로, 철로, 산업 시설도 속속 건설되었다. 부
다페스트의 도시 실루엣을 그려낸 건물 대부분이 하나같이 네
오-클래식 스타일로 정착한 까닭이다. 그래서 부다페스트는
오래된 젊은 도시다.

도시 탐험은 걸어서 보는 게 최고다. 다행스럽게도 페스트 도심은 걸어서 다닐 만하다. 산이 없는 평지인 덕택이다. 페스트는 천천히 걸어서 탐험하는 트레킹trekking이 적당하다.

벨바로시

이제 부다를 등지고 란치히드를 건너 페스트로 걸어 가보자. 란치히드의 페스트 쪽엔 루즈벨트 광장이 맨 먼저 나온다. 제2차 세계대전 연합군의 한 축이었던 미국 대통령 루즈벨트 Frankilin D. Roosevelt를 기념하는 광장이다. 이곳부터가 바로 페스트의 중심인 부다페스트 5구역으로 벨바로시Belvaros(시티 센터)라 불린다.

란치히드에서 루즈벨트 광장을 바라보면 정면에 장중한 네오-클래식 스타일의 건물이 보인다. 그레섬 팰리스Gresham Palace 호텔이다. 본래 이곳엔 부다페스트의 거상巨商 안탈 데론Antal Deron이 소유한 건물이 있었는데 런던에 본부를 든 그레섬 생명보험회사가 1880년 이 건물을 매입했다. 그것이 지금까지 이 건물에 '그레섬'이란 이름이 붙어 있는 이유이다.

그레섬 보험사는 기존 건물을 1903년 철거한 뒤 지그몬드 퀴트너Zsigmond Quittner의 설계로 재건축해 1906년 완공했다. 동유럽 지역 본부로 사용하려는 계획이었다. 그러나 제2차 세계대전 결과로 부다페스트 주둔 소련군이 사령부 청사로 썼다. 소련군이 철군하자 이 건물은 곧 당국의 관심에서 벗어나

슬럼화되었고 일반 주민용 아파트로 용도도 변경되었다.

이 건물의 중요성이 다시 부각된 것은 헝가리 공산주의가 몰락한 1990년이다. 당시 헝가리 정부는 이 건물을 시 제5구에 소유권을 이양했고 구청은 건물 활용 방안 연구에 나섰다. 10년만인 1999년 이 건물은 그레스코Gresco 투자회사로 넘어갔고 대대적인 리모델링을 거쳐 현재는 포시즌즈 호텔 체인의 그레셤 팰리스 호텔로 낙찰되었다. 이 건물 하나에도 부다페스트의 역사가 통째로 들어있는 셈이다.

부다에서 보기에 루즈벨트 광장의 왼편 다뉴브강가에 서 있는 웅장한 건물은 헝가리 과학원 설립자이자 란치히드의 설립자인 세체니 이스트반의 혼이 깃들어 있는 헝가리 과학원(Hungarian Academy of Sciences)이다. 베를린 출신의 건축자 슈틸러Stüler가 설계한 건물로 1862년부터 3년간의 공사 끝에 완공되었다. 저명한 화가 카로이 로츠Károly Lotz의 그림으로 장식된 대강당은 콘서트홀로도 많이 활용될 정도로 웅장하며 귀중한 자료가 소장된 과학원 도서관도 이곳에 자리 잡고 있어 헝가리 지식의 보고이다. 또 이곳에 들어가면 수많은 작은 조각상들도 볼 수 있는데 미클로시 이조Miklós Izsó와 에밀 울프Emil Wolf의 작품이다.

루즈벨트 거리에서 남쪽으로 조금만 내려가면 곧 버러시마티 광장(Vörösmarty tér)이 있다. 헝가리의 위대한 시인이자 작가인 미하이 버러시마티Mihály Vörösmarty(1800~1855)의 동상이 광장 중앙에 있어 그렇게 불린다. 광장 중앙에 있는 버러시마티의 대리석 조각은 에데 텔치Ede Telc의 작품이다.

이곳이 바로 유럽 대륙 최초의 지하철인 1번 지하철(M1)의 시발점이며 페스트 최대의 번화가인 바치Váci 거리의 출발점이기도 하다. 바치 거리는 보행자 전용도로로 연결된 부다페스트 최고의 번화가로, 주변에 식당, 카페, 호텔 그리고 토산품점, 명품점, 백화점 등이 몰려있다. 한때 서점도 몇 개 이곳에 자리 잡아 문화 상품을 팔았지만 자본주의의 도입은 서점을 제일 먼저 외곽으로 밀어냈다.

부다에서 페스트를 바라보았을 때 가장 크게 들어오는 건물이 성 이스트반 대성당이다. 이 성당은 란치 히드에서 바라보면 그레섬 호텔 지붕 위로 거대하게 보이는 건물로, 루즈벨트 광장에서 3블록 떨어져 있다. 페스트의 랜드마크라 할 만한 이 성당은 모두 8,500명을 수용할 수 있을 정도로 헝가리에서 가장 큰 성당이다.

이 성당은 헝가리 밀레니엄의 산물로, 헝가리에서 가장 유명한 건축가인 요제프 힐드József Hildo와 미클로시 이블Miklós Ybl의 공동 설계 작품이다. 본래 1848년 기공식을 가졌으나 연이어 발발한 헝가리 독립전쟁으로 공사는 중단되었다가 1851년부터 재개되었다. 부다페스트 건축물이 대부분 짓기만 하면 폐허로 무너져 내리는 그 저주를 땅파기 작업 정도에서 액땜했으니 그나마 다행이 아니던가.

'혹시나 했더니 역시'라는 말은 이 이스트반 성당도 피해가지 못했다. 성당 건축이 한참이던 1868년 전례 없는 폭풍이

불어 닥치면서 돔을 날려버린 것이다. 이번엔 전쟁이 아니라 자연재해였다. 이런 우여곡절을 겪은 끝에야 1905년 대역사大役事는 끝났다.

이스트반 성당은 건축 양식으로는 전형적인 네오-르네상스 건물이다. 전체 구조가 십자가 형상으로 되어 있으며 십자가 중심에 중앙 돔이 있다. 건물 내부에선 86m, 돔 외부의 십자가까진 96m인데 높이만 따지면 국회의사당과 같다. 아마도 정치와 종교의 상호견제라는 황금률을 돔의 높이에다 소망한 게 아니었을까.

성당 내부에는 당대의 저명한 헝가리 예술가인 모르 탄Mór Than, 베르탈란 세케이Bertalan Székely, 쥴러 벤추르Gyula Benczúr 등의 작품으로 가득하다. 벤추르의 성화는 이스트반왕이 헝가리 왕관을 성모 마리아에게 바치는 장면을 그린 것인데 이는 곧 이교도였던 마쟈르인들이 유럽의 일부가 되었음을 내외에 과시한 그림이다. 이 성당에서 가장 유명한 것은 돔의 스테인드 글라스로, 카로이 로츠Károly Lotz(1833~1904)의 작품이다.

홀로코스트의 상흔

유럽에서 제2차 세계대전과 유대인 학살은 인류 역사에 가장 치욕적인 사건이었다. 영화 「쉰들러 리스트」나 「아름다운 인생」에서 스며 나오긴 했지만 현실은 그 이상이었다. 부다페스트 역시 그런 상흔이 진하게 남아있는 곳이다.

시내 중심에서 가까운 도하니Dohany 거리에 있는 유대인 회당은 가장 대표적인 역사적 유적으로, 나치 독일이 저지른 비극사의 현장이기도 하다. 나치 독일이 처음 점령했을 때 이곳에 유대인 수용소가 설치되었는데 이곳에서만 2천 명 이상이 죽었고 대부분 회당 뜰에 묻혀있다.

헝가리 유대인들의 정신적 고향인 이 회당은 1854년 공사를 시작해 6년 만인 1859년에 완공되었다. 오스트리아의 건축가 루드비히 푈스터Ludwig Förster가 설계를 맡았다. 푈스터는 비엔나의 레오폴트슈타트에 있던 유대인 회당도 설계했는데 이 회당은 1938년 파괴되었다. 모두 2,964개의 좌석이 있을 정도로 대규모인 이 회당의 길이는 53m, 폭은 26.5m에 이른다. 건축 양식으로만 따져본다면 비잔틴, 로맨틱, 고딕 양식이 복합된 데다 북아프리카의 영향이 깃든 무어 양식(Moorish)을 띠고 있기도 하다.

서쪽 정문 쪽에는 아치형의 창문들이 부다페스트의 문장 색깔인 파랑, 노랑, 빨강 색의 석물과 블록으로 장식되어 있고 역시 같은 쪽에 있는 주 출입구엔 화려한 스테인드 글라스가 보인다. 입구는 두개의 탑이 솟아올라 웅장함을 뽐내며 그 꼭대기에는 구리로 만든 뒤 금으로 도금해 화려함이 돋보이는 돔이 있다. 두 탑의 높이는 각각 43.6m이다.

회당 내부는 프리제쉬 페슬Frigyes Feszl이 디자인한 것이다. 이 회당의 명물 중의 명물은 1859년에 제작되어 헌정된 오르간이다. 워낙 소리가 좋아 리스트나 프랑스의 생상스C. Saint-

Saens 등 내로라하는 당대의 음악가들이 이곳에서 오르간을 연주했다.

이스라엘 건국의 아버지 테오도로 헤르즐Theodore Herzl (1860~1904)이 태어난 곳도 여기에서 가깝다. 팔레스타인의 옛 이스라엘 땅을 회복하려는 꿈을 가졌던 시오니즘의 창시자로 그의 꿈은 1948년 이스라엘 건국으로 열매를 맺었다.

게토의 중심이었던 이 회당이 전쟁 말기에 살아남을 수 있는 가능성은 거의 없었다. 회당은 막바지에 심각한 손상을 입었고 공산주의자들 역시 이곳에는 거의 신경을 쓰지 않았다. 폐허가 되다시피 했던 회당이 복원의 불길을 올린 것도 결국 공산주의가 무너진 뒤였다. 복원작업은 1991년에야 2천 명의 유대인이 묻혀있던 뜰에 희생자들을 위한 추모비를 세우는 것을 필두로 시작되었다. 추모비는 예루살렘에 있는 '통곡의 벽' 모양으로 만들어졌고 그 위에 희생자들의 이름을 새겨 넣었다. 공사는 1996년에 완공되었으며 회당 안에 헝가리 국립 유대인 박물관(Országos Zsidó Vallási és Történeti Közgyûjtemény)도 있다.

정치의 중심, 국회 의사당

시내의 최고 중심지인 벨바로시의 바로 위쪽에 있는 립토바로시Liptovaros는 역사적으로 정치, 행정의 중심지였고, 국회 의사당이 대표적 건물이다. 본래 립토바로시는 18세기 말에

국회의사당

개발되기 시작했고 정주 1천 년 기념으로 국회의사당이 건립
되면서 정부기관, 법원, 은행 등이 잇달아 설립되었다.

　국회의사당은 다뉴브와 절묘한 조화를 이루는 기념비적 건
물이다. 헝가리 정부는 1882년 새로운 국회의사당을 지어 민
족적 자존심을 세우기로 하고 건축설계 공모전을 하게 된다.
이 공모전 당선자가 당시 부다페스트 기술대학교 교수였던 임
레 쉬테인들(1839~1902)이었다. 실제 건축공사는 1887년에
시작되었고 설계자 쉬테인들이 사망한 1902년에 완공되었다.

　당시 헝가리는 정주 1천 년에 세워질 정치적 건물이 민족적
자존심을 세우는 동시에 굴곡진 헝가리 역사의 어두운 과거를
청산할 수 있는 건물이 되었으면 하는 바람이 거셌던 시절이
었다. 쉬테인들은 런던의 영국 의회가 자리 잡은 웨스터민스
터Westminster궁을 벤치마킹했다. 국회의사당은 건축 형식으로

만 따져보면 고딕, 바로크, 르네상스 형식을 모두 갖추고 있지만 결국 그것은 헝가리식의 또 다른 이름이다. 국회의사당은 정주 1천 년 밀레니엄 건축 중에서도 가장 비용이 많이 든 대역사였다.

게다가 '민족 자존'이라는 명분이 걸려있었던 만큼 "우리의 것이 좋은 것이다."라는 단순 원칙, 즉 건축 자재도 모두 헝가리에서 나는 것으로만 충당하고 헝가리의 기술과 인력으로만 건물을 짓는다는 원칙이 엄수되었다. 물론 헝가리의 기술이나 전문 인력이 부족할 때에는 반드시 외국 전문가를 초빙했지만, 그들을 직접 건축에 참여시키는 방법보다는 헝가리 기술진이 이를 배운 뒤 현장에 적용하는 방식을 택할 정도로 민족 자존을 모토로 내세웠던 기념비적 건축물이 국회의사당이다. 건물 외부에 헝가리의 역대 왕이나 군 지도자 등 88명의 동상이 지붕에 가지런히 서 있는 것도 헝가리 민족정신의 표현이라 할 수 있겠다.

다뉴브강을 따라 건설된 이 건물의 길이는 268m이며 폭은 가장 넓은 곳이 123m이다. 현재 헝가리 의회는 단원제이지만 건축 당시에는 양원제를 채택하고 있어서 국회의사당은 좌우 균형을 철저히 계산한 건축물로 지어졌다. 내부에는 모두 10개의 대회의실 등 건물 안에는 모두 691개의 방이 있다.

국회의사당의 주 출입구는 다뉴브강변 맞은편인 라요시 코수트Lajos Kossuth 광장에 있다. 주 출입구엔 청동사자상이 장식되어 있고, 내부 중앙 돔은 높이 96m이다. 내부 중앙 로비에

16명의 헝가리 지도자 동상이 16개의 원주 위에 서 있는 것도 자존을 위한 건축적 표현이다. 이 건물에는 미하이 문카치Mihaly Munkácsi, 카로이 로츠Károly Lotz, 줄러 루두나이Gyula Rudnay 등 헝가리 미술사의 마에스트로들이 역사와 전설로부터 영감을 얻어 그린 작품들이 가득하다. 총리 집무실과 내각, 국회도서관도 물론 이 건물에 있다.

묘하게도 국회의사당은 주변의 네 개의 인물상이 헝가리의 근대사를 너무도 사실적으로 보여주고 있어 늘 주목받는 곳이기도 하다. 국회의사당 남쪽 끝에 서 있는 동상의 주인공은 페렌츠 라코치Ferenc Rákóczi(1676~1735)로, 이것은 위대한 조각가 쉬트로블Zsigmond Kisfaludy Strobl의 작품이다. 라코치는 합스부르크에 반대해 독립운동을 벌였지만 1711년 망명에 올랐다.

북쪽에는 라요시 코수트Lajos Kossuth(1802~1894). 그는 이 국회 앞 광장의 주인공이기도 하다. 그 역시 라코치보다 백년 뒤에 헝가리를 이끌고 오스트리아에 대항해 독립전쟁을 했으나 1849년 혁명 실패와 함께 망명에 올라 닮은꼴의 인생행로를 보였다. 같은 북쪽에는 미하이 카로이Mihály Károlyi(1875~1975)의 동상이 있다. 그는 제1차 세계대전 종전과 함께 오스트리아-헝가리 제국이 무너진 이후 독립된 헝가리의 첫 번째 대통령이었으나 1919년 망명에 올랐다.

그리고 제일 마지막에 새로 세워진 것이 바로 임레 나지Imre Nagy(1896~1958)의 동상이다. 그는 잘 알려진 대로 1956년 소련에 저항해 헝가리인들이 봉기했던 1956년 혁명의 총아였다.

임레 나지는 당시 총리로 혁명을 주도했지만 소련군의 침공으로 민중 혁명은 좌절되었고 2년 뒤 처형된 헝가리 현대 비극의 상징적 인물이다.

국회의사당을 둘러싼 채 조각으로 남은 네 명의 정치가는 헝가리의 굴곡진 현대 정치사를 웅변한다. 그 비극을 바탕으로 결국 오늘의 정치 민주화를 이룩해낸 것이 바로 국회의사당의 모습이다.

유럽대륙 최초의 지하철

바치 거리가 시작되었던 버러시마티 광장으로 되돌아 트레킹을 해보자. 이 곳은 유럽 대륙 최초의 지하철이 밀레니엄 사업으로 첫 삽을 뜬 곳이다. 세계 최초의 지하철은 1863년 영국 런던의 팔링턴 스트리트와 비셉스 로드의 패딩턴을 잇는 6km 구간의 것이다. 물론 처음에 운영되었던 것은 증기기관차였고 1890년이 되어서야 전기 철도로 바뀐다.

헝가리의 지하철은 유럽에선 영국을 제외하고 최초의 것이다. 굳이 의미를 부여하자면 세계 두 번째, 유럽 대륙에선 처음이라 하겠다. 비엔나가 1898년, 파리가 1900년, 독일의 베를린과 함부르크가 각각 1902년과 1906년에 지하철을 만들었으니 부다페스트 지하철의 의미는 적지 않다. 유럽을 벗어나도 헝가리의 위상은 그대로이다. 미국 보스턴에서는 1901년, 뉴욕은 1904년이었고 남미의 부에노스아이레스에서는 1913

년에 지하철이 개통되
었다.

헝가리에서는 이 밀
레니엄 지하철을 M1 라
인으로 통칭한다. M은
지하철을 뜻하는 메트
로Metro의 약자이다.

출발지 뵈뢰스마티
역은 1896년에 완공되
었고 페스트의 주 도로
인 안드라시Andrássy 거
리를 지나 영웅 광장
까지 연결된다. 안드라

바치 거리

시 거리는 국립오페라극장 등 명소가 즐비한 데다 각국 대사
관도 밀집한 곳이라 '페스트의 브로드웨이'라고 불린다. 다만
M1 라인은 당시의 기술을 반영해 도로 바로 밑에 건설된 간
이 지하철이다.

M2라인은 다뉴브강 하저 터널을 통과해 부다와 페스트를
연결하는 부다페스트 지하철의 대표격이다. 1970년에 1차 공
사가 끝난 뒤 1973년 확장되었으며 레드 라인으로 표시된다.
페스트 지역을 남북으로 가로지르는 라인으로는 M3로 표시된
블루 라인이 있다. 현재 네 번째 지하철인 M4 라인 건설이 계
획되고 있는데 이는 2009~2010년경에 운행할 계획이다.

철도 역사가 **빠른** 만큼 부다페스트의 서부역인 뉴거티 Nyugati 역사도 부다페스트 명품 중의 하나이다. 이 자리엔 1846년에 지어진 역사가 있었으나 파리의 에펠탑을 설계, 시공한 구스타브 에펠의 설계로 재건축되었다.

영웅 광장

영웅 광장(Hősök tere)은 벨바로시에서 부다페스트의 문화거리인 안드라시 거리를 지나 그 끝에 있는 것으로, 헝가리 1천 년 역사의 위대한 인물들을 기리기 위해 만든 상징물이다.

영웅 광장 가장 자리엔 열주列柱로 이뤄진 구조물이 반원형으로 만들어져 왼쪽에 7명, 오른쪽에 7명 등 모두 14명의 청동 입상이 서 있다. 열주가 시작되는 왼쪽 열주의 위에는 노동과 재산, 전쟁의 상징물이, 오른쪽 열주가 끝나는 윗부분엔 평화, 명예와 영광을 나타내는 인물상이 있다. 이 열주 기념물은 바로 뒤편에 있는 시민공원인 바로시리게트에 있는데 영웅 광장은 그 입구처럼 보이게 설계 되었다.

14명의 영웅 중 첫 번째 자리엔 국부로 추앙받는 성 이스트반Szent István 왕(970~1038)이 있으며 그 옆엔 성 라슬로Szent László(혹은 Saint Ladislas, 1040~1095)왕이 자리 잡고 있다. 그는 국토를 크로아티아까지 확장했고 크로아티아를 가톨릭국가로 만든 일등공신이다. 마르깃섬의 주인공 마르깃 공주의 아버지인 벨라 4세는 다섯 번째에 자리를 잡았고 헝가리 르네상스의 주인공 마티아스왕의 청동상도 있다.

오른쪽 원주로 들어서면 왕과 함께 헝가리 독립을 추구한 투사들도 등장한다. 14번째에 자리한 라요시 코수트는 오스트리아에 대한 반란을 주도했으나 러시아군에 의해 좌절된 민족주의 지도자이다.

각 동상의 하단에는 헝가리 역사에서 중요한 명장면을 담은 청동 부조물이 한 점씩 걸려 있어 헝가리 역사를 한 눈에 볼 수 있다. 이스트반왕의 동상 아래 걸린 부조에서는 그가 1000년에 교황 실베스터 2세Sylvester II(재위 999~1003)가 보낸 아스트릭Astrik 주교에 의해 왕관을 수여받는 장면을 그림으로써 마침내 헝가리가 유럽의 한 부분이 되었음을 보여준다. 또한 헝가리가 십자군에 참여하는 광경은 네 번째 부조에, 헝가리가 오스만트루크의 공격에 대승을 거둔 1552년 에게르Eger 전투 장면은 열 번째 부조에 담겨있다. 열세 번째 부조에서는 헝가리의 왕관이 비엔나로부터 돌아와 주권이 선언되는 장면, 그리고 마침내 열네 번째 부조에서 1867년 오스트리아와 동등한 자격으로 제국의 한 축이 된 오스트리아-헝가리 제국의 프란츠 요셉 황제 대관식의 장면으로 대단원의 막을 내린다.

영웅 광장 가운데에는 36m 높이의 밀레니엄 기념탑(Millenniumi Emlékm)이 서있고 꼭대기엔 날개 달린 천사장 가브리엘의 상이 서 있다. 가브리엘 상은 사람의 두 배 크기로 조각가 죄르지 절러György Zala의 작품. 가브리엘상이 안치된 것은 하느님이 보우해주시기를 간절히 바라는 마쟈르인들의 마음을 담았기 때문이다. 절러는 이 작품으로 1900년에 열린 파리 세계엑스포에서 그랑프리를 수상했다.

가브리엘 천사는 오른손에 헝가리의 왕관을, 왼손엔 그리스도의 사도를 의미하는 십자가를 지니고 있는데, 이는 이스트반왕이 헝가리를 개종시켜 성모 마리아에게 바쳤다는 의미이다. 원주의 맨 아래 부분에는 헝가리 민족을 트랜실바니아로 인도했던 일곱 부족의 부족장들이 동상으로 서 있다. 그 앞엔 꺼지지 않는 불이 타고 있는 무명용사 기념제단이 있다. 바닥에 깔린 동판에는 '마쟈르인들의 자유와 독립을 위해 그들 자신을 희생한 영웅들을 기억하며'라는 글귀가 새겨져 있다.

영웅 광장은 밀레니엄인 1896년 공사가 시작되어 1901년 헌정되었지만 실제 공사는 1929년에야 끝났다. 명칭도 본래는 '밀레니엄 기념광장'이었으나 1932년 '영웅 광장'으로 변경되었다. 물론 이곳도 제2차 세계대전 중 피해를 입었으나 복구되었다. 영웅 광장의 왼쪽에는 예술사 박물관, 오른쪽에는 미술사 박물관이 영웅 광장을 마주보며 지키고 있는 모습이다.

바로시리게트

영웅 광장 뒤편에 있는 인공호수의 다리를 건너면 시민공원, 즉 바로시리게트가 시작된다. 호수에선 겨울에 스케이트를 탈 수도 있고 여름엔 보트 등 각종 위락 시설을 이용할 수 있다.

다리 건너 오른쪽에는 마치 백설공주가 살고 있을 것 같은 성채가 보인다. 이것은 바이다훈야드 Vajdahunyad성으로, 마티아스왕의 아버지이며 마쟈르의 대對 오스만트루크 항쟁을 주도했던 역사적 인물인 야노시 훈야디János Hunyadi가 트랜실바니아(현재 루마니아)에 가지고 있던 성을 복제해 지은 건물이다.

바이다훈야드성

바이다훈야드성이 이 자리에 서게 된 것도 대단히 극적이다. 본래 밀레니엄 축제 행사의 하나로 헝가리에 있던 모든 역사적 건축을 한 자리에 모아 전시해보자는 아이디어가 나왔고 이 다양한 양식을 하나의 건물에 섞어 넣자는 안이 채택되었다. 당시 건축계의 재주꾼이었던 이그나치 알파르Ignac Alpar의 설계로 목재와 마분지 등 이른바 가건물로 모든 건축 양식이 한 건물에 녹인 구조물이 1896년 만들어졌다. 이벤트가 끝나면 당연히 철거될 구조물이었다.

그런데 만원사례 행진이 연일 계속되자, 떡 본 김에 제사지낸다고 아예 제대로 된 건물을 짓자는 목소리가 커졌다. 1904

년 아예 벽돌로 된 건축이 시작되어 1908년 완성되었고 그것이 지금의 성곽이 되었다. 로만, 고딕, 르네상스, 바로크 등 모든 건축 양식이 곳곳에서 빛을 발하고 있다. 성의 입구로 들어가면 바로 보이는 야크Jak 교회는 헝가리 서부 지방에 있던 유명한 13세기 베네딕트 수도회 건물로, 주변의 인공호수가 해자 역할을 해 이전의 성을 그대로 재현했다는 평가를 받고 있다. 성곽은 현재 부다페스트 시립 농업박물관이다.

이 거대한 시민 공원에는 동물원, 서커스장, 그리고 이미 앞에서 설명했던 세체니 대목욕탕이 있다. 이곳에 있는 또 하나의 명소는 제2차 세계대전 이전까지 그 기원이 올라가는 놀이공원인 비담 파르크로, 고전적인 미니 디즈니랜드로 장수하고 있다.

뮤즈를 찾아서

　기억의 여신 므네모시네Mnemosyne는 그리스 신화의 주신 제우스를 만나 아흐레 밤을 같이 보낸 뒤 아홉 명의 딸을 내리 낳았다. 그들이 바로 무사이Mousai로 불리는 뮤즈Muse들로 음악과 문학, 학술 등을 관장했다. 뮤즈의 여신을 섬기던 신전이 무세이온Museion이었는데 인간은 그곳에 모여 신과 인간이 가진 기억의 산물을 체계적으로 연구하고 정리해 후세에 알려주는 일을 했다. 이것이 박물관(Museum)의 기원이다.

　부다페스트에도 수많은 무세이온이 있다. 오페라하우스의 모습으로 헝가리의 음악을 얘기하기도 하고 갤러리의 모습으로 미술세계를 보여주기도 한다. 그리고 가장 중요한 것은 바로 그들의 과거를 통해 미래를 내다보게 하는 '백 투 더 퓨처'

의 게이트라는 점이다. 이제 부다페스트의 뮤즈들을 찾아보자.

글루미 선데이

부다페스트의 음악은 매우 아름답다. 너무 아름다워 사람을 죽인다는 말까지 있을 정도이다. 독일 감독 롤프 쉬벨Rolf Schübel 이 만든 영화 「글루미 선데이Gloomy Sunday」는 그 음악을 바탕에 깔고 만든 영화이다.

1930년대 부다페스트를 배경으로 수많은 사람들이 「글루미 선데이」를 듣고서는 자살했다는 호사가들의 전설이 끊이질 않는다. '사람을 죽이는 음악'은 진짜 있었을까? 정확히 한번 검증해보자.

우선 이 뇌쇄적인 음악은 레죄 세레쉬Rezső Seress의 작곡, 라슬로 야보르László Jávor의 작사로 1933년에 발표되었다. 처음에는 사람들의 관심을 거의 끌지 못했으나 1936년 헝가리에서 발생한 일련의 자살 사건과 관련되었다는 소문이 나기 시작하면서 유명세를 탔다. 사람을 죽이기까지 한다는 소문에다 '금지곡'이 되었다는 전설마저 덧붙여졌다. 흥행의 귀재들이 부다페스트로 몰려들었고 미국에선 이미 1936년 말에 미국판 「글루미 선데이」 음반이 출시되었다.

1930년대를 풍미했던 미국의 여자 재즈 보컬리스트 빌리 홀리데이Billy Holliday(1915~1959)의 허스키 보이스에 실린 「글루미 선데이」는 지금도 들을 수 있다. 끊임없는 슬픔을 가득

담고 있긴 한데 이 곡을 듣고선 스스로 목숨을 끊은 미국인이 있었는지는 알 수 없다. 그래도 '죽음은 꿈(Death is a dream)'이라며 죽음을 동경하는 듯한 가사는 염세주의자들의 주목을 받기에 충분하지 않았을까.

그렇다면 이 음악을 듣고 자살한 헝가리인은 얼마나 될까? 우선 이 곡이 발표된 이후 17건의 자살이 죽기 직전 쓴 유서에「글루미 선데이」를 언급했다거나 아니면 손에 악보를 마지막 순간까지 쥐고 있었거나 하는 형태로「글루미 선데이」와 관련이 있다는 구체적인 소문이 있다. 자살 현장에 경찰이 도착했을 때 전축에선 여전히 글루미 선데이가 반복 연주되고 있었다면 더 극적이지 않았을까.

그러나 이 소문들은 다소 과장되었다는 게 지금까지 조사된 결과이다. 헝가리는 불행하게도 전 세계에서 자살률이 가장 높은 곳으로, 헝가리인들은 높은 자살률을 가리켜 스스로 '헝가리의 서글픈 전통'이라고까지 표현하고 있다. 그렇게 높은 자살률이「글루미 선데이」와 우연히 오버랩되었을 가능성이 큰 것은 아닐까. 게다가 역사학자들도 헝가리 당국이 1930년대에 이 음악을 언제, 어디서 어떻게 금지시켰는지에 대한 구체적 증거를 찾아내지도 못했다.

다만 사실로 드러난 것은 이곳의 원작자와 관련된 사건이다. 우선「글루미 선데이」의 작사가인 야보르의 여자 친구가 자살한 것은 사실이다. 그런데 그녀의 죽음이 이 음악과 관련되어 있는지의 여부는 증명되지 않았다.

그 다음은 작곡자의 죽음. 쉬레시는 1968년 부다페스트의 한 빌딩에서 투신으로 생을 마감했다. 그도 자신이 만든 음악 때문에 죽었을까? 그렇다면 왜 곡이 발표된 1930년대가 아니라 그보다 30여 년이 지난 뒤에 자살했을까? 진실에 가장 가까운 설명은 작곡자의 심리적 압박감이 그를 죽음으로 몰고 갔다는 것이다. 「글루미 선데이」이후 한 곡의 히트곡도 내지 못했고 그런 심리적 압박감에 눌려 살았던 인생이 결국 우울증이 되어 스스로 죽음을 선택하게 만들었던 게 아닐까.

「글루미 선데이」를 둘러싼 해프닝을 보면 확실하게 알 수 있는 한 가지가 있다. 부다페스트에서 음악을 뺀다면 아무것도 남지 않을지 모른다는 것이다. 굴곡진 역사에서도 그들이 살아남아 일어설 수 있게 만든 것이 음악이라는 것은 분명한 사실이다. 그래서 음악은 마쟈르인을 살리기도 하고 또 죽이기도 하는 가장 중요한 삶의 요소이다.

마쟈르의 민속 음악

유럽의 전통 음악 흐름 속에서도 유난히 헝가리 민속 음악은 세계적으로 주목을 받는다. 리스트Franz von Liszt(본래 헝가리 이름은 Ferenc Liszt, 1811~1886)의 「헝가리 광시곡」은 그렇다고 치자. 브람스의 「헝가리 무곡」, 하이든의 「헝가리풍 론도」, 요한 시트라우스의 「집시 남작」도 실제로 헝가리 전통 음악을 본따 삽입함으로써 명곡의 반열에 오른 곡들이다.

그런데 함정이 있다. '헝가리 민속 음악은 곧 집시음악'이라는 애매한 등식이 바로 그것이다. 부다페스트에 있는 호텔이나 관광객을 위한 대형 식당에 가보면 어김없이 집시 악단이 연주를 하고 있다. 게다가 집시 음악이 마치 마쟈르 민속음악이라는 식으로 얘기하는 헝가리인들도 있으니 그렇게 생각할 법도 하다. 그러나 헝가리 민속 음악과 집시음악은 서로 영향을 주고받긴 했으되 분명 다른 것이라는 결론부터 내려두고 얘기를 더 해보자.

우선 집시 얘기부터. 유럽에 있는 집시들이 어디에서 왔는지 정확한 설명은 없다. 한곳에 정착하지 못한 채 떠돌아다니는 사람들이 굳이 자신과 자신의 조상에 대해 꼼꼼히 기록할 리 없기 때문이다. 어쩌면 그런 관습이 싫어 유랑을 택했는지도 모른다.

가장 유력한 가설은 본래 인도에서 가장 낮은 카스트 계급이 유랑을 시작하면서 유럽까지 오게 되었다는 집시 인도 유래설이다. 집시들이 쓰는 언어도 산스크리트어처럼 8개의 격을 가지고 있다는 사실도 이를 뒷받침하는 것으로 제시된다. 유력하지만 물론 확실한 것은 아니다.

유럽에 집시들이 대거 나타난 때는 대체로 14~15세기부터이다. 그들은 스스로를 롬Rom이라고 부른다. 아르메니아에서는 롬Lom이라고 한다. 이런 연유로 집시의 언어를 로마니Romany라고 한다.

영국인들은 처음 이들을 보곤 이집트인이라 생각하여 이집트인Egyptian이라고 불렀다. 그런데 알고 봤더니 뿌리가 다른 게 아닌가. 한번 내뱉은 말은 담기 어렵듯 이집트인에서 두음 'e'가 없어지면서 집션Gyptian으로 변했고 나중에 집시Gypsy라는 말로 정착했다. 처음 생각했던 것과 전혀 다른 사람들이라 꼬리를 내리면서 결국 어정쩡하게 남은 말이 집시였던 게다.

프랑스에서는 집시를 치가네tzigane 혹은 보헤미안을 뜻하는 보에미앵Bohémien, 독일에서는 치고이너Zigeuners, 이탈리아와 스페인 등 라틴권에서는 기타노Gitanos, 헝가리에서는 치가니Csigany라고 한다. 이들은 모두 같은 말을 기원으로 하고 있음이 분명하다.

집시들은 정처 없이 떠돌았고 또 가는 곳마다 박해를 받았다. 유랑하는 이들이야 그 누구보다 애환이 많았을 테고 그 상처받은 영혼을 음악으로 달랬던 것이야 말할 나위도 없다. 그래서 이들 집시 음악은 그 어떤 곳이든 영향을 미치게 된다.

음악을 잘 몰라도 들어보면 "아, 이 곡!"하는 것이 스페인의 작곡가 사라사테Pablo de Sarasate(1844~1908)가 만든 「치고이너바이젠Zigeynerweisen」(1878)이다. '치고이너'는 말 그대로 집시란 뜻이고 '바이젠'은 선율이란 뜻이니 곧 집시의 음악이란 뜻일 게다. 절규하는 듯한 바이올린의 애절한 소리가 우리 마음을 잡아 뜯는 그런 곡이다.

헝가리에서는 1871년까지 집시들을 노예로 부렸고 동유럽 각지에서도 19세기 말까지 노예로 일했다. 1933년엔 유럽 국가들이 집시들의 폴리네시아 집단 이주안을 국제연맹에 내기도 했다. 현재 집시 인구는 유럽에만 2백만 명, 그리고 20만 명이 터키 등 소아시아에 거주하고 있다고 한다.

그런데 주인과 노예관계에 지나지 않던 집시 음악이 어떻게 어느새 안방까지 차지해 버렸을까. 우선 집시 음악이 다른 어떤 곳보다 헝가리에서 가장 발전했다는 이유가 첫손에 꼽힌다. 집시 음악이 헝가리의 음악적 바탕에 영향을 주기 보다는 헝가리 민속 음악이 집시들에게 영향을 많이 주었던 탓이다. 1782년 헝가리의 첫 인구센서스에선 집시가 43,787명으로 조사되었는데 그중에서 1,582명, 즉 전체 인구의 3.6%가 음악인이었을 정도다.

가장 근본적인 이유를 제공한 이는 바로 리스트이다. 그는 헝가리 민속 음악보다는 서구 음악에 정통했던 음악가였다. 그러다 그는 집시 음악에 눈을 돌렸고 치밀한 고증보다는 자신의 직관을 바탕으로 서술한 책이 1859년 파리에서 출간했던 『집시와 헝가리에서 그들의 음악Des Bohémiens et de leur musique en Hongrie』이었는데 이것은 이듬해 영어로 번역될 정도로 큰 호응을 얻었다.

명색이 음악의 대가인 사람이 헝가리 민속 음악을 마치 집시 음악인 것처럼 해석했으니 당연히 주객이 전도될 수밖에. 헝가리 관중, 청중들로부터 집시 음악이 높이 평가되기 시작했던 것이다. 리스트의 저술은 저평가된 집시 음악을 부각시키는 데엔 성공했지만 헝가리 전통의 민속 음악이 마치 집시 음악인 것처럼 오해를 불러일으키기에 충분했다.

본래 헝가리 민속 음악에는 춤을 위한 음악인 베르분코시 Vervunkos, 마쟈르인의 대중가요라 할 마쟈르 노타Magyar nóta, 차르도시csárdás 등이 있는데 이것들을 모두 집시 음악, 즉 치가니제네cigányzene라고 얼버무리는 바람에 헝가리 민속 음악이 마치 집시음악처럼 되고 만 것이다.

베르분코시는 헝가리 목자, 농부들, 유랑 음악인들(물론 인종적 기원은 다양하지만)의 음악으로, 18세기 후반부터 발전되기 시작한 헝가리의 전통적인 댄스 음악이다. 본래 독일어의 베르붕Werbung에서 연유한 베르분코시는 19세기 후반기 음악의 유행을 선도했다. 마쟈르 노타와 차르도시는 19세기 유행 음악이었고 주로 헝가리에서도 아마추어 음악가들이 그 중심에 서 있었다.

따라서 '헝가리 민속 음악은 집시 음악의 영향을 받았다'고 하는 것보다는 '집시 음악가들이 헝가리 음악을 자신의 레퍼터리에 집어넣어 활용했다'고 보는 것이 훨씬 더 정확하다. 물론 이런 오해가 빚어지게 된 근저에는 헝가리 민속 음악의 유명 작곡가 중에 집시 출신이 있었기 때문이기도 하다. 가장 대표적인 인물은 야노쉬 비하리János Bihari(1764~1827), 피쉬타 당코Pista Dankó(1858~1903) 등이지만 이들조차 헝가리 민속 음악 작곡자였지 집시 음악을 한 것은 아니었다.

리스트의 「헝가리 광시곡」 제2번도 대표적인 차르도시의 음악이다. 브람스도 청년 시절 헝가리 출신 바이올리니스트 레메니와 함께 연주 여행을 다니며 집시 음악에 눈을 떠 헝가리 민속 음악을 채보, 악보집을 출판했을 뿐 아니라 「헝가리 무곡」을 직접 작곡했다. 브람스는 「헝가리무곡」 1·2집으로 인기몰이에 나섰지만 헝가리 음악인들이 저작권침해소송을 낸 것은 지극히 당연했다. 그들의 선율을 그대로 사용했으니 엄밀히 따지면 표절인 셈이기 때문이었다. 브람스가 3·4집에선 헝가리 스타일을 버리고 독일 고전주의로 회귀한 것도 바로 이 때문이다.

집시 음악이 세계적으로 꽃 피운 곳이 헝가리인 것도 이런 풍토에선 지극히 당연하다. 헝가리 국립 라이코Rajco 집시 오케스트라는 국가적으로 육성된 집시 음악 단체로, 내한 공연을 한 적도 있다. 이들은 집시 문화의 전승자로 전 세계 수백 차례의 순회공연을 소화하고 있는데 오케스트라뿐 아니라 댄서 및 가수를 양성하는 세계 유일의 공연단체이기도 하다.

리스트 음악원

헝가리 음악의 근대적 기초는 누가 뭐라 해도 리스트이다. 헝가리 음악을 그만큼 세계에 알린 이도 없다. 물론 리스트의 뒤는 헝가리 민속 음악을 체계적으로 수집해 헝가리 음악의 기초를 마련한 벨라 바르토크Bela Bartok(1881~1945)와 음악교육의 기초를 마련한 졸턴 코다이Zoltan Kodaly(1882~1967)라는 대가들이 튼실하게 받치고 있다.

헝가리가 음악교육의 체계를 잡는 과정은 부다와 오부다,

페스트가 하나의 도시로 향해 나아가던 분위기와 맞물려 있었다. 부다페스트 탄생 몇 년 전인 1869년 처음으로 헝가리 내에서 체계적인 음악교육기관을 만들자는 목소리가 커지기 시작했다. 이 당시의 헝가리에서는 요즈음의 우리나라처럼 음악을 공부한다고 하면 무조건 비엔나 등 외국으로 유학을 보내는 분위기였던 탓이다. 때문에 민족주의의 분위기에 맞는 명문 음악교육기관을 설립하자는 목소리가 커진 것이다.

1873년 헝가리 의회는 새로운 음악교육 기관을 창설하고 지원하는 결의안을 통과시켰다. 게다가 음악적으로는 세계시민이었던 리스트를 새 교육기관의 수장으로 임명해 그와 헝가리를 밀접하게 연결시키자는 분위기도 있었다.

이에 따라 당시 문화장관인 프레포트Trefort는 1875년 가을 리스트를 음악원 원장에 임명했고 유명한 헝가리 국가의 작곡자인 페렌츠 에르켈(1810~1893)이 교수부장을 맡는 등 그야말로 당대 쟁쟁한 음악가들로 교수진이 구성되었다. 에르켈은 당시 국립극장 음악감독으로 재임하고 있으면서도 전력을 다해 음악원 출발을 준비했던 실질적인 음악원 설립자 중의 하나였다.

음악원 출범은 5명의 교수와 39명의 학생들로 이루어졌고 리스트의 역할은 공식적인 원장 역할 이외에 피아노 코스의 선생으로 엄격히 제한되어 있었다. 게다가 리스트는 로마와 바이마르Weimar, 부다페스트를 왔다 갔다 하느라 부다페스트에서의 체류 기간은 1년에 3~4개월 미만이었다. 때문에 리스트 부재 시에는 에르켈이 피아노를 가르쳤다.

작곡은 독일 작곡가인 로베르트 폴크만Robert Volkmann(1815
~1883)이 담당했다. 폴크만이 타계하자 역시 독일 작곡가로
당대 1급 음악인이었던 한스 쾨슬러Hans Koessler(1853~1926)가
작곡을 가르쳤다. 그는 교회 음악에 대한 리스트의 꿈을 구현
한 인물로 꼽히며 오르간 주자 및 레겐스부르크Regensburg의 합
창 지휘자로 활동하기도 했다.

1875년 개교했을 때 리스트 음악원은 다뉴브강변에 있던
리스트의 작은 집에서 시작되었고 그 후 뵈뢰쉬르티Vörösmarty
거리에 있는 현재의 리스트 기념관 자리로 옮겼다가 1904년,
건축가 골프 프로리슈가 설계, 1907년에 완성한 현재의 건물
로 옮겼다. 음악원 정면 입구 위에는 조각가 슈트루브르
Schutruvr가 제작한 리스트의 좌상이 학원 앞 리스트 광장을 내
려다보고 있다. 이 건물로 입주할 당시에는 바르토크, 코다이,
그리고 도흐나니Erno Dohnanyi(1877~1960) 등 쟁쟁한 음악가들
이 교수로 재직했다.

또 1,200개의 객석을 자랑하는 이 음악원의 대연주홀은 유
럽 유수의 음향설비를 갖추고 있다. 이 홀에서는 1940년 10월
8일, 바르토크의 고별 연주회가 열린 이래 오늘날까지 세계적
으로 저명한 음악가들의 연주회가 수시로 열리고 있다. 대연
주홀 정면 로비에는 헝가리의 일류조각가 베크 안드라슈가 만
든 바르토크의 흉상이 놓여 있고, 수용인원 400석의 규모인 2
층의 소연주홀에서는 주로 실내악이 연주된다.

페슈티 비가도와 국립 오페라극장

벨바로시에 있는 페슈티 비가도Pesti Vigadó는 부다페스트 음악의 전당이다. '기쁨을 주는 곳'이란 뜻의 비가도는 19세기 초 미하이 폴락Mihály Pollack의 설계로 지어진 환상적인 음악홀이다. 물론 부다페스트의 운명이 그렇듯 이곳 역시 1848년 시작된 독립 전쟁 때 파괴되고 말았다. 그러다 도하니 거리 유대인 회당 인테리어 디자인을 담당했던 거장 프리제쉬 페슬의 설계로 1865년에 다시 지어져, 지금은 부다페스트 음악의 상징적 존재로 남아있다.

역시 미술계의 마에스트로 카로이 로츠나 모르 탄의 그림이 내부를 장식하고 있으며 내부의 조각은 카로이 알렉시Károly Alexy의 작품으로 그 웅장함은 더욱 빛난다. 그러나 제2차

페슈티 비가도

세계대전 때 페슈티 비가도는 다시 무너져 내렸고 공산주의 시절 수수방관하다 1970년대에야 복원 공사가 이뤄진 뒤 1980년에 재개관했다.

비가도는 시대를 건너 부다페스트에서 가장 뛰어난 콘서트홀로서의 역할을 해왔다. 리스트는 비가도에서 여러 차례 피아노 연주와 지휘를 했으며 특히 1875년 바그너Richard Wagner (1813~1883)과 함께 무대에 서기도 했다. 브람스Brahms, 생상스, 드뷔시Debussy도 여기에서 콘서트를 했으며 브루노 발터 Bruno Walter, 헤르베르트 폰 카라얀Herbert von Karajan 등 위대한 지휘자들, 그리고 블라디미르 호로비츠Vladimir Horowitz, 아르투르 루빈슈타인Arthur Rubinstein 등 거장들의 솔로 연주도 이곳에서 볼 수 있었다. 물론 비가도는 바르토크나, 코다이, 도흐나니 등에겐 고향집이나 다름없는 곳이다.

페스트의 브로드웨이라 할 수 있는 안드라시 거리 22번지에 있는 국립오페라극장(Magyar Állami Operaház)은 헝가리 오페라의 본산으로, 미클로시 이블의 설계로 1875년에 시작된 공사가 1884년에 완공되었고, 1980년 전면적인 리모델링을 거쳐 현재의 모습으로 재개관했다. 이탈리아 스타일의 네오-르네상스식 건축 양식인 이 건물은 개관 당시 유럽에서 가장 현대적인 오페라극장이었다. 가장 화려하면서도 가장 실용적인 극장임과 동시에, 부다페스트에서도 가장 아름다운 건물로 꼽히는 곳인 이 국립오페라극장의 내부는 헝가리의 유명 화가들이 그린 걸작 그림들로 장식되어 화려함을 뽐내고 있다.

국립오페라극장

헝가리의 위대한 작곡가이자 애국가를 작곡한 페렌츠 에르켈의 이름을 딴 에르켈 극장도 오페라 전용극장으로 국립오페라극장과 쌍벽을 이루는 곳이다. 이 밖에도 부다페스트 시내는 크고 작은 공연관들로 가득하다.

헝가리 국립 박물관

어느 국가나 민족 그리고 역사를 이해하는 방법은 박물관을 가는 것이다. 유럽인들에겐 오래 전부터 전문적인 '박물관 투어'가 인기이다. 우리나라 사람들이 런던이나 파리, 로마를 찾는 가장 근본적 이유도 따지고 보면 '대영박물관'이나 '루브르 박물관' 그리고 '바티칸 박물관'을 방문하여 인류 역사의 보고를 눈으로 직접 보고 확인하고자 하기 때문일 것이다.

어느 한 국가의 박물관이 그 소장 유물이나 자료로 세계적 명성을 얻고 있다면 그 국가가 바로 제국주의의 본산임을 알 수 있다. 피억압 민족을 정복한 다음 그들의 유물을 송두리째 빼앗아오는 것이 바로 제국주의 아닌가.

우리는 이미 오부다와 부다에서 아퀸쿰 박물관, 국립미술 관, 부다페스트 역사박물관, 헝가리 국립미술관을 보았다. 페스트 역시 박물관으로 가득하다. 그중에서도 가장 대표적인 것이 바로 헝가리 국립박물관이다.

국립박물관은 박물관 이상의 박물관이다. 헝가리 민족주의의 혼이 살아 숨쉬고 있는 공간이기 때문이다. 박물관 건물 자체에 바로 마쟈르인들의 꿈과 좌절이 한데 어울려 꿈틀거리고 있다. 선사시대부터 현재에 이르는 유물들을 소장하고 있지만 박물관 자체가 바로 200년 헝가리 근대사의 결정판이기 때문이다.

란치히드를 건설했던 이스트반 세체니의 아버지 페렌츠 세체니Ferenc Széchényi는 1802년 그가 평생 모아온 헝가리 유물을 헝가리 국민에게 바치겠다는 선언을 했고 당시 헝가리를 지배하고 있던 합스부르크 왕가의 프란츠 1세Franz 1 황제는 흔쾌히 이를 허락했다. 이에 따라 이 해에 세체니 백작의 소장품을 전시할 국립박물관 설립 계획이 공식화되었다.

당시 세체니 백작의 컬렉션은 11,884점에 달하던 인쇄물, 1,156점의 육필 원고, 142권 분량의 지도와 구리 접시, 2,019점의 금화, 고가구 등이었다. 화폐로 따지면 16만 포린트로 당시 물가 수준으로는 엄청난 재산이었다. 세체니 백작의 컬렉션이 말하자면 국립박물관의 첫 번째 소장품이 된 것이다. 19세기 초 유럽의 박물관 수준으로 본다면 유럽에서 3위에 오를 정도였다고 한다.

엄청난 양의 컬렉션이었던 만큼 보관 또한 문제였다. 처음에는 바오르 딸 수도회에 맡겨졌으나 나폴레옹 전쟁이 유럽으로 확산되자 대학 빌딩에 안치되기도 했다. 1807년 마침내 헝가리 국회는 이 새로운 유물을 보관하고 관리하는 새로운 기관을 만들고 헝가리 전역에 흩어져 있던 개인 소장품도 모으기로 했다. 그중에서도 세체니 백작의 부인인 율리아 페스테티치는 진기한 광석 등을 많이 내놓았는데 이는 곧 헝가리 자연사박물관(Magyar Természettudományi Múzeum)의 기초가 되었다는 점은 앞에서 이미 밝혔다.

헝가리 의회는 1832년 새로운 법안을 발의, 국립박물관 새 건물을 건축키로 하고 국민 모금 운동에도 들어갔다. 이 중에서 안털 그라살코비치Antal Grassalkovich 공작은 자신의 소유였던 토지를 무상으로 헌납했고 이 땅은 현재 무제움 거리(Múzeum krt)에 있던 현재의 박물관 부지와 교환되었다. 박물관이 생기면서 거리 이름도 정해진 셈이다.

건물은 당대 가장 유명한 건축가로 앞서 언급한 페슈티 비가도의 설계자인 미하이 폴락이 맡았다. 박물관 건설 공사는 1837년 시작되어 1847년에 완공되었는데 그리스 신전을 연상시키는 형태인 건물 앞의 열주가 인상적이다.

이 박물관이 마쟈르인들에게 강력히 어필한 때는 1848년부터 2년간 계속된 헝가리 독립전쟁 때였다. 헝가리인들은 이해 3월 15일 이 박물관 앞에 모여 민족시인 샨도르 페퇴피의 '민족의 노래' 낭송과 함께 독립 전쟁을 시작하였기 때문이다. 이 행사는 매년 3월 15일 박물관 앞 계단에서 재현되어 그날의 장엄하고도 비장한 분위기를 다시 연출하게 된다. 헝가리의 역사적 유물을 수집, 보관하고 있는 국립박물관은 그 자체가 바로 헝가리 민족정신과 자유를 위한 이정표의 역할을 하고 있는 셈이다.

국립박물관 소장 작품 중 가장 중요하고도 위대한 것은 성 이스트반 왕의 왕관이다. 이스트반 왕이 교황 실베스터 2세로부터 받은 바로 그 왕관으로 헝가리가 유럽의 일원이 되었음을 대내외에 선포한 의미를 갖는다. 2000년은 바로 이 왕관 1,000년 기념의 해였다. 이를 기념해 왕관은 국립박물관에서 국회의사당으로 보내져 전시되었다. 국립박물관은 개장 이후 아고스톤 쿠비니Ágoston Kubinyi, 플로리쉬 로메르Flóris Rómer, 요제프 함펠József Hampel, 페렌츠 풀스키Ferenc Pulszky 등 저명한 고고학자들이 큐레이터를 맡아 발전시켰다.

1926년부터 2년간 외된 레히너Ödön Lechner의 설계로 전면적인 리모델링이 이루어졌지만 역시 제2차 세계대전 때 심각한 손상을 입고 말았다. 박물관은 1948년에 재건축되었고 자연사 박물관, 세체니 국립도서관(Séchényi Library)도 분리되었다. 국립박물관은 또 비세그라드에 마티아스 왕 박물관(Mátyás

Király Múzeum), 에스테르곰에 왕궁박물관 등 분원도 가지고 있다.

부다페스트 민속박물관

국회 의사당 앞의 코수트 라요시 광장에 접해 있는 부다페스트 민속박물관(Néprajzi Múzeum) 역시 국립박물관의 한 파트에서 분리되어 나온 경우이다. 특히 마쟈르인 정주 1천년인 1896년 바로시 리게트에서 밀레니엄 페스티벌의 일환으로 민속촌을 설치할 당시 수집된 민속 의류, 각 부족들이 사용하던 생활 가구 등이 민속 박물관의 모태가 된 특이한 내력을 가지고 있다. 특히 세계적 음악가인 코다이나 바르토크가 수집한 민속 음악도 헌정되어 박물관을 더욱 풍부하게 하고 있고, 세계 도처에서 수집된 민속품들로 20세기 초 가장 유명한 민속박물관의 하나로 발전했다. 특히 마쟈르인들은 아시아 쪽에 그 기원을 두고 있다는 점에서 무속신앙에 대한 깊은 애정을 갖고 있다는 것을 확인할 수 있는 곳이 이 박물관이기도 하다.

공식적으로 국립박물관에서 분리된 것은 1947년인데, 그 후 1973년 법무부가 쓰던 현재의 건물을 물려받아 민속박물관으로 개조했다.

박물관이 전문화되면서 산업미술박물관(Iparmûvészeti Múzeum), 미술박물관(Szépmûvészeti Múzeum)도 생겨났다. 이들 박물관은 영웅 광장을 사이에 두고 마주보고 있다.

영웅 광장을 바라보았을 때 왼쪽에 있는 미술박물관은 알베르트 쉬케단츠Albert Schíckedanz와 필뢰프 헤르조그Fülöp Herzog의 설계로 1906년에 완공되었다. 전면에는 코린트식 원주 12개가 상판을 받치고 있다. 상판의 부조는 그리스 올림피아의 제우스 신전의 서쪽 박공博栱의 복사판으로, 반인반수의 켄타우로스와 라피타이Lapith 간의 싸움을 그려낸 작품이 주 내용이다. 서양에서 「라피타이족과 켄타우로스의 싸움」은 문명과 야만의 대결로 비쳐져 많은 작품의 소재가 되었는데 1486년 피에로 디 코지모가 그린 「라피타이족과 켄타우로스의 싸움」이란 그림은 아직도 런던 내셔널 갤러리에 걸려있다.

영웅 광장을 사이에 두고 국립미술관과 마주 보고 있는 곳이 주로 현대 작품을 상설 전시하는 아트 갤러리(Műcsarnok)이다. 그리스 신전을 연상하는 열주 형식이지만 칼라가 들어간

아트 갤러리

도자기로 만든 외벽이 인상적이다. 2년마다 열리는 헝가리 미술전인 헝가리 비엔날레 전시회도 이곳에서 열린다. 이곳에서는 주로 현대 미술품이 전시된다.

그 밖에도 교통박물관(Közlekedési Múzeum), 헝가리 현대사박물관(Magyar Nemzeti Múzeum Legújabbkori Történeti Múzeuma), 페퇴피 문학박물관(Petôfi Irodalmi Múzeum) 등 부다페스트에는 여느 다른 유럽 도시와 마찬가지로 수많은 박물관이 곳곳에 보석처럼 숨겨져 있다.

에필로그 : 탐험 후기

갑자기 머리를 한 대 맞은 느낌이 들 때가 있다. 필자의 경우에는 역사적으로 한국인과 마쟈르인들은 거의 교섭이 없었으니 서로 잘 알지 못할 거라는 고정관념이 깨졌을 때 그러했다. 한 헝가리 학자가 일제시대 당시 "한국인들은 일본이나 중국인들보다 훨씬 더 귀족적인 데다 여인네들도 몇 배나 더 아름답다."며 한국의 자존심을 팍 세워주었으니 정말 어지러울 정도 아닌가.

헝가리 민속학자 발로그 베네데크 바라소시(1870~1945)가 1929년 펴낸 『코리아, 조용한 아침의 나라』라는 책이 그 진원지이다. 그는 마쟈르인의 뿌리를 찾다가 한국, 일본, 만주족 등 동아시아 민족과 오래 전 같은 장소에 거주했던 친족일 수도 있다는 생각(투란turan, 사상)에 일본까지 와서 역사와 문화, 언어를 공부했던 인물이다. 그는 1907년 우여곡절 끝에 한국에 들어와 어느 스님의 도움으로 서울까지 여행을 했는데, 그 결과를 자신의 책에 담았다고 한다. 그는 여행을 통해 아시아의 발전된 문화가 어떻게 한국을 통해 일본에 전해졌는지, 특히 한국인에 대한 일제의 만행, 일제의 한국 통치가 한국에 얼마나 큰 비극과 시련이었는지도 깨닫게 된다. 한국의 역사와 문화뿐 아니라 자연 생태에도 관심이 많았던 그는 일제에 의해 빠른 속도로 파괴되어가는 숲을 보고 안타까워했고, 풍부한 천연자원을 가진 한국을 일본이 노리는 이유도 알게 된다.

더욱 놀라운 사실은 그가 1922년 일본에서 투란연맹을 조직, 행사장에 태극기까지 게양했다는 것이다. 그러나 일본 경찰에 의해 태극기가 내려지고 한국 대표의 발언이 봉쇄되자, 행사 후 열린 연회에서는 한국 대표의 발언권을 최우선적으로 주었다고 한다. 그는 저서의 마지막에 이렇게 썼다.

나는 (일제의 식민통치가) 그리 오래가지 않을 것이라고 믿는다. 코리아는 머지않아 이 힘든 상황을 분명히 극복할 것이다. 코리아는 자유롭게 살기를 원하며 또한 그렇게 살 것이다.

사실 우리가 헝가리란 이름을 교과서에서 처음 접했던 것은 기껏 조선 말기 열강의 침탈 과정을 다룬 부분에서뿐이었다. 1982년 조선과 오스트리아-헝가리제국이 체결한 조오수호통상조약이 그것이다. 조약명에서의 '오'는 오지리奧地利로 불렸던 오스트리아를 뜻하고, 당시 헝가리는 오스트리아-헝가리 제국의 일부였다. 이 조약이 역사책에 나오는 이유는 조약 체결 당사자였던 당시 주일공사 권중현權重顯(1854~1934), 나라를 일본에 팔아버림으로써 을사오적에 당당히 자신의 이름을 올린 인물 때문이다. 그렇게 헝가리는 을사오적의 발자취를 설명하는 액세서리로 우리 눈에 먼저 들어왔다.

한국과 헝가리의 두 번째 만남은 보다 직접적이고 또 극적이었다. 1954년 6월 스위스월드컵의 첫 경기에서 우승후보 1위 팀으로 괴력을 발휘하던 헝가리를 만났으니 한국으로서는 지독한 불운이었다. 경기 결과는 9:0이었는데 경기 내용을 보면 그래도 한 자리 수로 실점한 게 다행이었다.

그 후 세상이 자본주의와 공산주의로 나뉘어 대립하는 가운데 우리는 저쪽을 잊어버렸다. 그리고 1989년 유럽 공산주의 붕괴와 때를 맞추어 그들은 다시 우리 앞에 나타나 관계를 맺었던 것이다. '무식하면 용감해진다'는 말이 무색하게도 우리는 잘 모르면서 저들을 무시하고 업신여기지 않았나 하는 생각을 하게 된다.

우리는 어떤 곳을 탐험하려 할 때 준비물을 챙긴다. 추운 지방에 가려면 보온 장비가 필요하다. 풍토병 예방주사를 맞아야 갈 수 있는 열대 지방도 있다. 도시를 탐험하려면 무엇이 필요할까? 지도, 여행을 뒷받침해줄 돈과 장비도 필요하다.

그러나 이보다 중요한 게 있다고 나는 믿는다. 그 도시에 대한 선입견이나 고정관념을 따져보는 것이 그것이다. 선입견은 탐험을 방해하는 가장 결정적인 장애물이기 때문이다. 처음 머리에 쏙 박힌 생각은 그 뒤에 들어오는 필요한 정보를 닥치는 대로 먹어치우는 습성이 있다.

미국의 사회 심리학자 솔로몬 애쉬Solomon E. Asch(1907~1996)교수가 1946년에 했던 실험이 바로 그것이다. 그는 학생들을 두 그룹으로 나눈 뒤 6개의 형용사로 동일 인물을 설명했다. 첫 번째 그룹에겐 '똑똑하고, 근면하고, 충동적이며, 비판적이고, 고집이 세며, 질투심이 강한(intelligent, industrious, impulsive, critical, stubborn, envious)' 순서로 그 대상 인물을 설명했고, 두 번째 그룹에겐 그 역순으로 묘사했다.

결과는? 다 아시는 대로이다. '똑똑하고'라는 단어로 설명되기 시작한 그룹은 문제의 인물을 긍정적으로 판명했다. 그런데 '질투심이 강한'으로 설명되기 시작한 그룹은 그에 대해 대단히 부정적 평가를 내렸다. 같은 사람이지만 어떤 정보가 먼저 들어오느냐에 따라 '좋은 사람'도 되고 '정말 나쁜 사람'이 되기도 한다. 이 실험은 '먼저 들어온 정보가 뒤에 들어온 정보보다 훨씬 우위에 있다'는 과학적 근거가 되었다. 애쉬는 이를 프라이머시 이펙트Primacy Effect라 했다.

사실 우리는 자신의 경험을 토대로 좋고 나쁨을 판단한다. 부다페스트란 도시도 마찬가지다. 그곳을 다녀왔거나 앞으로 찾을 사람들의 대부분은 자신의 작은 경험으로 그곳을 판단했

거나, 또 할 것이다. 그러나 본래 어떤 도시가 좋거나 나쁘다는 사실은 없으니, 그 고정관념을 떼어내는 게 필요하지 않을까.

예컨대 고정관념으로 인해 '헝가리는 작고 볼품없는 나라'라는 생각이 들 수도 있겠다. 이럴 때 이런 사람들을 떠올려보면 어떨까? 세계 언론인의 대명사 조셉 퓰리처Joseph Putlitzer, 시카고 심포니 오케스트라의 지휘자 조지 셸George Szell, 미국 영화사이자 미디어 그룹인 20세기 폭스사의 창립자 윌리엄 폭스William Fox, 인텔사의 창립자 앤디 그로브Andy Grove, 퀀텀 펀드의 조지 소로스George Soros 등은 모두 헝가리 출신이다. 이것으로 부족하다면, 이런 통계는 어떨까? 헝가리 출신 가운데에 노벨상 수상자는 모두 18명으로, 그 어렵다는 화학상과 물리학상 수상자가 9명이라는 사실 말이다.

인재는 넘쳐났지만 온갖 풍상의 역사를 겪어온 나라가 바로 헝가리였다. 자원이 없는 곳에서 순전히 인재만으로 발전한 우리와 그리 다를 바 없지 않은가. 부다페스트란 도시는 알고 보면 우리네 정서와도 무척이나 닮아있다. 그들의 눈으로 입장을 바꿔 살펴보는 역지사지易地思之야말로 그들을 이해하는 가장 좋은 방법이다. 헝가리 속담에 "모든 시작은 어렵다."는 말이 있다. 입장을 바꿔 보는 것도 정말 어려운 시작일 수 있다. 그러나 자신의 고정관념과 편견을 조금씩이라도 없앤다면 세상은 좀 더 아름다워지지 않을까.

이 작은 책이 '어려운 시작'의 계기가 되었으면 하는 마음으로 도시 탐험의 여정을 접는다.

부다페스트 다뉴브의 진주

펴낸날	초판 1쇄 2006년 6월 30일
	초판 3쇄 2015년 5월 29일

지은이	**김성진**
펴낸이	**심만수**
펴낸곳	**(주)살림출판사**
출판등록	**1989년 11월 1일 제9-210호**

주소	**경기도 파주시 광인사길 30**
전화	**031-955-1350** 팩스 **031-624-1356**
기획·편집	**031-955-1365**
홈페이지	**http://www.sallimbooks.com**
이메일	**book@sallimbooks.com**

ISBN	978-89-522-0525-4 04080

085 책과 세계

강유원(철학자)

책이라는 텍스트는 본래 세계라는 맥락에서 생겨났다. 인류가 남긴 고전의 중요성은 바로 우리가 가 볼 수 없는 세계를 글자라는 매개를 통해서 우리에게 생생하게 전해 주는 것이다. 이 책은 역사라는 시간과 지상이라고 하는 공간 속에 나타났던 텍스트를 통해 고전에 담겨진 사회와 사상을 드러내려 한다.

056 중국의 고구려사 왜곡　eBook

최광식(고려대 한국사학과 교수)

중국의 고구려사 왜곡의 숨은 의도와 논리, 그리고 우리의 대응 방안을 다뤘다. 저자는 동북공정이 국가 차원에서 진행되는 정치적 프로젝트임을 치밀하게 증언한다. 경제적 목적과 영토 확장의 이해관계 등이 복잡하게 얽혀 있는 동북공정의 진정한 배경에 대한 설명, 고구려의 역사적 정체성에 대한 문제, 고구려사 왜곡에 대한 우리의 대처방법 등이 소개된다.

291 프랑스 혁명　eBook

서정복(충남대 사학과 교수)

프랑스 혁명은 시민혁명의 모델이자 근대 시민국가 탄생의 상징이지만, 그 실상을 아는 사람은 많지 않다. 프랑스 혁명이 바스티유 습격 이전에 이미 시작되었으며, 자유와 평등 그리고 공화정의 꽃을 피기 위해 너무 많은 피를 흘렸고, 혁명의 과정에서 해방과 공포가 엇갈리고 있었다는 등의 이야기를 통해 프랑스 혁명의 실상을 소개한다.

139 신용하 교수의 독도 이야기　eBook

신용하(백범학술원 원장)

사학계의 원로이자 독도 관련 연구의 대가인 신용하 교수가 일본의 독도 영토 편입문제를 걱정하며 일반 독자가 읽기 쉽게 쓴 책. 저자는 역사적으로나 국제법상으로 실효적 점유상으로나, 어느 측면에서 보아도 독도는 명백하게 우리 땅이라고 주장하며 여러 가지 역사적인 자료를 제시한다.

144 페르시아 문화

신규섭(한국외대 연구교수)

eBook

인류 최초 문명의 뿌리에서 뻗어 나와 아랍을 넘어 중국, 인도와 파키스탄, 심지어 그리스에까지 흔적을 남긴 페르시아 문화에 대한 개론서. 이 책은 오랫동안 베일에 가려 있던 페르시아 문명을 소개하여 이슬람에 대한 편견과 오해를 바로 잡는다. 이태백이 이란계였다는 사실, 돈황과 서역, 이란의 현대 문화 등이 서술된다.

086 유럽왕실의 탄생

김현수(단국대 역사학과 교수)

인류에게 '예술과 문명' 그리고 '근대와 국가'라는 개념을 선사한 유럽왕실. 유럽왕실의 탄생배경과 그 정체성은 무엇인가? 이 책은 게르만의 한 종족인 프랑크족과 메로빙거 왕조, 프랑스의 카페 왕조, 독일의 작센 왕조, 잉글랜드의 웨섹스 왕조 등 수많은 왕조의 출현과 쇠퇴를 통해 유럽 역사의 변천을 소개한다.

016 이슬람 문화

이희수(한양대 문화인류학과 교수)

이슬람교와 무슬림의 삶, 테러와 팔레스타인 문제 등 이슬람 문화 전반을 다룬 책. 저자는 그들의 멋과 가치관을 흥미롭게 설명하면서 한편으로 오해와 편견에 사로잡혀 있던 시각의 일대 전환을 요구한다. 이슬람교와 기독교의 관계, 무슬림의 삶과 낭만, 이슬람 원리주의와 지하드의 실상, 팔레스타인 분할 과정 등의 내용이 소개된다.

100 여행 이야기

이진홍(한국외대 강사)

eBook

이 책은 여행의 본질 위를 '길거리의 철학자'처럼 편안하게 소요한다. 먼저 여행의 역사를 더듬어 봄으로써 여행이 어떻게 인류 역사의 형성과 같이해 왔는지를 생각하고, 다음으로 여행의 사회학적·심리학적 의미를 추적함으로써 여행에 어떤 의미를 부여할 것인가에 대해 말한다. 또한 우리의 내면과 여행의 관계 정의를 시도한다.

293 문화대혁명 중국 현대사의 트라우마

 eBook

백승욱(중앙대 사회학과 교수)

중국의 문화대혁명은 한두 줄의 정부 공식 입장을 통해 정리될 수 없는 중대한 사건이다. 20세기 중국의 모든 모순은 사실 문화대혁명 시기에 집약되어 있다고 해도 과언이 아니다. 사회주의 시기의 국가·당·대중의 모순이라는 문제의 복판에서 문화대혁명을 다시 읽을 필요가 있는 지금, 이 책은 문화대혁명에 대한 안내자가 될 것이다.

174 정치의 원형을 찾아서 eBook

최자영(부산외국어대학교 HK교수)

인류가 걸어온 모든 정치체제들을 매우 짧은 기간 동안 시험하고 정비한 나라, 그리스. 이 책은 과두정, 민주정, 참주정 등 고대 그리스의 정치사를 추적하고, 정치가들의 파란만장한 일화 등을 소개하고 있다. 특히 이 책의 저자는 아테네인들이 추구했던 정치방법이 오늘 우리 사회가 당면한 문제를 해결할 수 있는 지혜의 발견에 도움을 줄 수 있을 것이라고 말한다.

420 위대한 도서관 건축순례 eBook

최정태(부산대학교 명예교수)

이 책은 도서관의 건축을 중심으로 다룬 일종의 기행문이다. 고대 도서관에서부터 21세기에 완공된 최첨단 도서관까지, 필자는 가능한 많은 도서관을 직접 찾아보려고 애썼다. 미처 방문하지 못한 도서관에 대해서는 문헌과 그림 등 가능한 많은 정보를 수집하려 노력했다. 필자의 단상들을 함께 읽는 동안 우리 사회에서 도서관이 차지하는 의미에 대해 다시 생각하게 된다.

421 아름다운 도서관 오디세이 eBook

최정태(부산대학교 명예교수)

이 책은 문헌정보학과에서 자료 조직을 공부하고 평생을 도서관에 몸담았던 한 도서관 애찬가의 고백이다. 필자는 퇴임 후 지금까지 도서관을 돌아다니면서 직접 보고 배운 것이 40여 년 동안 강단과 현장에서 보고 얻은 이야기보다 훨씬 많았다고 말한다. '세계 도서관 여행 가이드'라 불러도 손색없을 만큼 풍부하고 다채로운 내용이 이 한 권에 담겼다.

`eBook` 표시가 되어있는 도서는 전자책으로 구매가 가능합니다.

㈜살림출판사
www.sallimbooks.com
주소 경기도 파주시 문발동 522-1 | 전화 031-955-1350 | 팩스 031-955-1355